MIX
Papier aus verantwortungsvollen Quellen
Paper from responsible sources
FSC® C105338

Heidi Köpp

Die Entwicklung der Herrschaft der Athener im Ersten Delisch-Attischen Seebund

Von der Gründung bis zur Verlegung der Bundeskasse nach Athen (478/77 v. Chr. bis 454 v. Chr.)

Diplomica® Verlag GmbH

Köpp, Heidi: Die Entwicklung der Herrschaft der Athener im Ersten Delisch-Attischen Seebund: Von der Gründung bis zur Verlegung der Bundeskasse nach Athen (478/77 v. Chr. bis 454 v. Chr.), Hamburg, Diplomica Verlag GmbH 2013

Buch-ISBN: 978-3-8428-9193-7
PDF-eBook-ISBN: 978-3-8428-4193-2
Druck/Herstellung: Diplomica® Verlag GmbH, Hamburg, 2013

Bibliografische Information der Deutschen Nationalbibliothek:
Die Deutsche Nationalbibliothek verzeichnet diese Publikation in der Deutschen Nationalbibliografie; detaillierte bibliografische Daten sind im Internet über http://dnb.d-nb.de abrufbar.

Hermannstal 119k, 22119 Hamburg
http://www.diplomica-verlag.de, Hamburg 2013
Printed in Germany

Inhaltsverzeichnis

1. Einleitung

In der vorliegenden Arbeit soll die Entwicklung der Herrschaft der Athener innerhalb des Ersten Delisch- Attischen Seebundes im zeitlichen Rahmen von der Gründung bis zur Verlegung der Bundeskasse untersucht werden. Dazu gliedert sich die Arbeit in mehrere Schwerpunkte, die sich in Form von übergreifenden Fragestellungen manifestieren und die es in 4 Kapiteln zu untersuchen gilt, um schließlich die erhaltenen Ergebnisse in einer abschließenden Betrachtung noch einmal zusammenzufassen.

Es wäre verfehlt, direkt bei der Gründung des Seebundes um 478/77 v. Chr. einzusetzen, denn vielerlei Faktoren, die bei der Darstellung der Entwicklung der Herrschaft der Athener in dieser Symmachie eine Rolle spielen, finden ihren Ursprung in den Jahren zuvor, während des Perserkrieges und während der Zeit des Hellenenbundes, dessen Mitglied auch Athen gewesen war. Aus diesem Grund erstreckt sich das erste Kapitel auf den Zeitraum von der Gründung des Hellenenbundes 481 v. Chr. bis zu den Gründungsjahren des Seebundes 478/77 v. Chr. Um die politische Stellung Athens bei der Gründung des Seebundes nachvollziehen und damit einen Entwicklungsstand für dessen herrschaftliche Macht herleiten zu können, ist es zunächst von Nöten, das erste Kapitel unter dem primären Gesichtspunkt der Entwicklung der politischen Stellung Athens innerhalb der Hellenensymmachie zu legen, wobei dieser stets in Hinblick auf die geschichtlichen Ereignisse des Perserkrieges gestellt werden. Hierbei dienen die Ausführungen von K.- W. Welwei (1999), H. D. Meyer (1963) und K. E. Petzold (1993) neben den später ausführlich zu besprechenden Primärquellen als Untersuchungsgrundlage.

Nachdem die Vorgeschichte des Seebundes unter den entsprechend der Untersuchung dienlichen Schwerpunkten besprochen wurde, sollen im nächsten Kapitel der Aufbau und die Organisation des Seebundes besprochen werden. Da die Funktionsweise des Seebundes letztlich auf dessen Organisation beruht und diese somit die Grundlage für die weitere Untersuchung für die Herrschaft der Athener in der Symmachie bildete, steht sie im Zentrum der Arbeit und nimmt auch den Großteil der Untersuchung ein. Einer ausführlichen Betrachtung der Struktur des Seebundes folgen weitere Betrachtungen von dessen Zielen und von den Motiven Athens, da diese ein wichtiger Indikator für die weitere Entwicklung Athens im Seebund sind. Hauptsächlich dienen die

Ausführungen von M. Steinbrecher, H. D. Meyer, K.- W. Welwei (1999) und F. Kiechle als Interpretationsgrundlage für die entsprechenden Texte der Primärliteratur.

Das sich anschließende Kapitel beschäftigt sich mit der Herausstellung der Modifizierung des Seebundes und zeigt neue Elemente, bzw. neue Herrschaftsmittel Athens auf, welche sich in dem Zeitraum von 476- 462 v. Chr. herauskristallisieren. Ziel dieses Untersuchungsabschnittes soll es sein, die Wechselwirkungen von Aktionen des Seebundes und internen Vorgängen, die vor allem die athenische Herrschaft betreffen, aufzuzeigen, um am Ende dieses Kapitels eine genaue Darstellung der Ereignisse dieses Zeitraumes zu erhalten und die neuen Herrschaftsmittel Athens aufzuzeigen. Besonders häufig wird Bezug auf die Monografie von M. Steinbrecher und die Aufsätze von K.- E. Petzold (1994) und H. D. Meyer (1991) genommen, deren Ausführungen neben den Primärquellen auch als Grundlage für die Diskussion über die Chronologie der Ereignisse dienen.

Das primäre Anliegen des letzten Kapitels arbeitet in Anlehnung an den begrenzten Zeitrahmen dieser Untersuchung auf einen Abschluss, eine Zäsur der Untersuchung hin, die im Jahre 454 v. Chr. gemacht wird: Die Überprüfung, ob bzw. wie sich die Herrschaft Athens im Seebund bis zu dieser Zäsur weiter entwickelt hat und die Klärung der Frage, ob Athen denn schon seit der Gründung des Seebundes eine Alleinherrschaft innerhalb der Symmachie angestrebt hatte. Da vor allem zum Ende des Untersuchungszeitraumes hin neben den erneut aufkommenden Auseinandersetzungen zwischen den Persern und dem Seebund die Beziehungen zwischen Sparta und Athen die weitere Modifizierung des Seebundes beeinflussen, letzteres aber in geringerem Maße von Relevanz für das Hauptanliegen dieser Arbeit ist, wird zu Beginn dieses fünften Kapitels ein Abriss über die Entwicklung der Beziehung zwischen Sparta und Athen im Spiegel der Entwicklung des Seebundes gegeben. Dabei wird außerdem ein kurzer Einblick in die innenpolitische Entwicklung Athens gegeben. Da - wie gesagt - die Auseinandersetzungen zwischen Sparta und Athen in der Zeit von 461 v. Chr. bis 454 v. Chr. für diese Untersuchung nur von sekundärer Bedeutung sind, werden sie zwar der Vollständigkeit halber an der ein oder andern Stelle erwähnt, aber keineswegs zentral behandelt. Im Mittelpunkt dieses letzten Themenkomplexes stehen die Ereignisse der Ägyptischen Expedition und der Verlagerung der Bundeskasse nach Athen, welche unter den bereits besprochenen Gesichtspunkten betrachtet werden.

Bei dieser Betrachtung wird vor allem die Ausführungen von W. Schuller (1974), K.- E. Petzold (1993/94) und H. Nesselhauf verwiesen. Nach einer Zusammenfassung der getätigten Ausführungen soll dem Leser ein Ausblick auf die weitere Entwicklung des Seebundes gegeben werden, ohne dabei eine Sprengung des Rahmens dieser Arbeit anzustreben.

Nachdem nun der Aufbau und die Zielstellungen der vorliegenden Arbeit vorgestellt wurden, sollen nun noch einige Angaben über die Quellenlage, über die Primärliteratur getätigt werden. Insgesamt werden für die Arbeit die Werke von den Geschichtsschreibern Thukydides, Herodot, Diodor, Plutarch und Aristoteles als primärer Bezugspunkt für die Untersuchungen herangezogen.

Als wichtigste Quelle stellt sich das Geschichtswerk von Thukydides, die „Geschichte des Peloponnesischen Krieges", heraus. Aufgrund der Tatsache, dass Thukydides einen geringen zeitlichen Abstand[1] zu den Ereignissen, über die er schreibt hat, kann man von einer relativ hohen Authentizität seines Geschichtswerkes sprechen. Zuweilen stellt sich Thukydides sogar als einziger Autor für die Beschreibung diverser Ereignisse oder Prozesse zur Verfügung und muss mit der notwendigen kritischen Betrachtung zur Diskussion der jeweiligen Ereignisse als einziges Zeugnis zur Verfügung stehen. Seine Darstellung der Pentecontaetie darf allerdings nicht mit dem Anspruch an eine vollständige, detaillierte, chronologische Geschichtsschreibung betrachtet werden, da keinesfalls die Tatsache außer Acht gelassen werden darf, dass Thukydides nicht eine Geschichte der Jahrzehnte nach dem Ende der Kampfhandlungen gegen die Perser um 478 v. Chr. beschreibt, sondern dass seine Ausführungen lediglich einen Einschub innerhalb des Vorwortes zur eigentlich von ihm beabsichtigen Beschreibung des Peloponnesischen Krieges bedeuten.[2] So wie sein Anliegen nicht fehlverstanden werden sollte, sollte auch Thukydides´ Wahl der relativen Reihenfolge der Ereignisse nicht zu Ansprüchen an eine Chronologie führen, die in seinem Werk nicht vorhanden ist und die deswegen für die folgenden Datierungsversuche der zu besprechenden Ereignisse zu immer neuen Auffassungen in der Forschung führen. So formuliert schon Badian über die erwähnten Ereignisse bei Thukydides: „(...) they are lines in time and

[1] Thukydides lebte von ca. 460/50 v. Chr. bis ca. 400 v. Chr.

[2] Vgl. Badian, E.: From Plataea to Potidaea. Studies in the History and Historiography of the Pentecontaetia, Baltimore, London 1993, 75.

not points , so that there is inevitably considerable overlap."[3] Ein Versuch einer Chronologie der Ereignisse wird unter Heranziehung der Sekundärliteratur im Laufe der Arbeit unternommen.

Besonders für die Beschreibungen der Ereignisse des Perserkrieges und der Vorgänge innerhalb des Hellenenbundes wird das Werk von Herodot, die „Historien", herangezogen. In der weiteren Untersuchung wird vor allem an den Stelle auf Herodot Bezug genommen, an welchen es um Ereignisse vor der Gründung des Seebundes geht, schließlich beendet Herodot sein Geschichtswerk genau an der Stelle, wo die Gründung des Seebundes ansteht.

Durch seine „Parallelbiografien" der Athener Aristeides, Themistokles und Kimon vermittelt Plutarch tiefe Einblicke in deren Person und Wirkung. An vielerlei Stellen geht der Autor auf das geschichtliche Geschehen rund um seine „Helden" ein und dient damit als gute Ergänzung zu mancherlei zu besprechenden Ereignissen.

Zwar nimmt Aristoteles in seinem Werk „Der Staat der Athener" primär Bezug auf die inneren politischen Vorgänge der Großmacht, allerdings können seine Beschreibungen- ähnlich wie die des Plutarch- ergänzend zur weiteren Primärliteratur herangezogen werden. Dies gilt vor allem für die Überlieferung der geschworenen Eidesformel der Mitglieder des Seebundes.

Das Werk des Diodor, die „Griechische Weltgeschichte", ist in vielerlei Hinsicht von der Forschung in seiner historischen Glaubwürdigkeit angezweifelt und diese Richtigkeit mancher von Diodor beschriebenen Ereignisse auch tatsächlich widerlegt worden. Aufgrund dieser Tatsache wird das Werk des Diodor in dieser Arbeit zwar stets in die Betrachtungen an geeigneten Stellen mit einbezogen, allerdings kann es keinesfalls als primäre Bezugsquelle einen höheren Stellenwert einnehmen.

Die Ausführungen der Primärquellen stehen in der vorliegenden Arbeit stets in Verbindung bzw. in reflektierender Wechselbeziehung zu den Interpretationsansätzen und Ausführungen der im Literaturverzeichnis angeführten Autoren. Neben den zitierten Monografien und Aufsätzen finden sich in diesem Verzeichnis auch Werke wieder, die nicht explizit in der Arbeit erwähnt werden, jedoch einen wichtigen Beitrag für die nun folgende Untersuchung und die weitere Beschäftigung mit der Thematik leisten.

---

[3] Badian, 76.

2. Vorgeschichte bis zur Gründung des Ersten Delisch- Attischen Seebundes

Hautuntersuchungspunkt dieses Kapitels soll es sein, zu klären, wie sich die Position Athens innerhalb der Kampfgemeinschaft des Hellenenbundes seit 481 entwickelt hat. Am Ende dieses Untersuchungsabschnitts soll eine Bewertung der Herrschaftsstellung Athens um 478/77 v. Chr. erfolgen.

Im ersten Unterpunkt wird die Thematik der Gründung des Hellenenbundes behandelt, um im anschließenden zweiten Abschnitt den Perserkrieg in seinen Ausprägungen in Bezug auf die inneren Vorgänge im Hellenenbund behandeln zu können. Dabei wird vor allem auf die Ereignisse der Schlachten bei Artemision und Salamis, bei Plataiai und Mykale eingegangen. Zwischendurch findet immer wieder eine Überprüfung des Entwicklungsstandes der Position der Athener im Hellenenbund statt.

Der letzte Untersuchungspunkt stellt ähnlich wie der vorhergehende die Ereignisse des Krieges gegen die Perser dar und beschäftigt sich vor allem mit der Hellenenbundkonferenz von Samos. Hier werden nun auch schon die alleinigen Unternehmungen Athens innerhalb seiner modifizierten Stellung näher betrachtet, damit schlussendlich durch eine Zusammenfassung über dessen neue Position eine Bewertung dieser Entwicklung abgegeben werden kann.

2.1. Der Hellenenbund und die Stellung Athens bei dessen Gründung

Die Gründung des „Hellenenbundes" fällt in eine Zeit, in welcher die Gefahr des Einfalls der Perser auf das griechische Gebiet allgegenwärtig im Bewusstsein der Griechen warhatten diese schließlich bereits über ein Jahrzehnt der Auseinandersetzungen mit dem persischen Großkönig und dessen Expansionsbestrebungen hinter sich.[4] Also kristallisierte sich die große antipersische Bewegung in den zwei Hauptzentren, Athen und Sparta, und ließ somit eine neue griechische Eidgenossenschaft, den Hellenenbund, im Jahre 481[5] entstehen.[6] Dieser wurde als unmittelbare Reaktion auf die vergangenen

[4] Welwei, K.- W.: Das klassische Athen. Demokratie und Machtpolitik im 5. und 4. Jahrhundert, Darmstadt 1999, 82.

[5] Hier und im Folgenden immer vor Christus.

Vorgänge als völkerrechtliche Schwurgenossenschaft geschlossen, die sich aus diversen Staatspersönlichkeiten (u.a. Sparta und Athen) zusammensetzt.[7] Petzold definiert diese Hellenensymmachie als „(...) eine Kampfgemeinschaft...mit dem zeitlich und inhaltlich begrenztem Ziel des Widerstandes gegen den zu erwartenden persischen Angriff."[8]

Im Herbst des besagten Gründungsjahres versammelten sich verschiedene Repräsentanten der attischen Gemeinwesen auf dem Isthimos von Korinth und leisteten den Eidschwur, den Kampf gegen die Perser gemeinsam zu führen.[9] Herodot führt weiter über die Beschlüsse auf der Gründerversammlung aus, dass die Bündner sich dazu verpflichteten, alle Kriege bzw. Feindschaften untereinander einzustellen, dies betraf zum Beispiel Athen und Aigina. Des Weiteren sollten Kundschafter nach Asien ausgesendet werden mit der Aufgabe, das Machtpotenzial der Flotte und des Heeres des persischen Königs Xerxes auszuspähen.[10]

Innerhalb dieser Schwurgenossenschaft wurde die Position des Hegemons an Sparta, welches bereits die Führung im Peloponnesischen Bunde innehatte, übertragen. Allerdings sei an dieser Stelle bereits erwähnt, dass sich der Begriff der Hegemonie im Hellenenbund ausschließlich auf die militärische Führung[11] im Krieg gegen die Perser beschränkte. Politische und wirtschaftliche Interessenvertretungen nehmen an dieser Stelle keinen Platz unter den Kompetenzen des Hegemons im Bunde ein.[12] Man kann sogar davon ausgehen, dass das Oberkommando über die Truppen des Hellenenbundes bereits vergeben war, bevor noch „(...) der Kreis der Verbündeten endgültig feststand."[13] H.D. Meyer stellt weiterhin zur Problematik des Hegemons im Hellenenbund fest, dass der wesentliche Einfluss, den Sparta innerhalb dessen besaß, nichts mit

---

[6] Welwei (1999), 54; Vgl. Bengtson, H.: Die Staatsverträge des Altertums, Bd. 2, München, Berlin 1962, 29.

[7] Vgl. dazu Hdt. 7, 148; ebenso Heuß, A.: Stadt und Herrscher des Hellenismus in ihren staats- und völkerrechtlichen Beziehungen, Klio Beiheft 39, Leipzig 1937 (Neudruck Aalen 1963), 8: Für Heuß ist es des Weiteren „unbestreitbar", dass „(...) die völkerrechtliche Grundlage des attischen Seebundes an dem Hellenenbund von 480 abzulesen [sei]." (Vgl. Heuß (1963), 10).

[8] Petzold, K.- E.: Die Gründung des Delisch- Attischen Seebundes I, in: Hist. 42 (1993), 418- 443, 426 und siehe dazu auch Hdt. 7, 148.

[9] Siehe Hdt. 7, 145, 2 und dazu Welwei (1999), 54.

[10] Hdt. 7, 145; Vgl. dazu auch Brunt, P. A.: Hellenic League Against Persia, in: Hist. 2 (1953/54), 135-163, 136.

[11] Vgl. dazu Petzold (1993), 426.

[12] Heuß (1963), 9.

[13] Vgl. Meyer, H. D.: Vorgeschichte und Begründung des Delisch- Attischen Seebundes, in: Hist. 12 (1963), 405- 446, 407; siehe weiter dazu Brunt, 138 f.

„(...) seiner Rolle als Hegemon dieses Bundes zu tun hatte, sondern sich aus seiner Hegemonie im Peloponnesischen Bunde ergab."[14] Ergänzend fügt er hinzu, dass sich offenbar das Maß der Befugnisse von Fall zu Fall danach bestimmte, was die „(...) Verbündeten von ihrer Selbstständigkeit abzutreten bereit waren."[15] Im Rahmen seiner Ausführungen schließt Meyer bezüglich der Ausgansbasis, die den Athenern nur durch diese Fakten äußerst begrenzt zur Verfügung stand, dass diese sich innerhalb dieses eingeschränkten Radius nur zu bewegen möglich sahen und im ersten Ansatz ihr Ziel „völlig verfehlten".[16]

Denn bereits zu diesem Zeitpunkt unternahm Athen erstmalig den Versuch, ebenfalls in die Führungsposition innerhalb des Hellenenbundes zu kommen. Herodot führt weiter aus, dass eine Übernahme des Kommandos zur See durch athenische Führungskräfte von den Mitgliedern der Hellenensymmachie abgelehnt wurde: Diese weigerten sich, Athen als zweite Führungsmacht neben Sparta anzuerkennen und hätten andererseits ihre Teilnahme am anstehenden Feldzug zurückgezogen. So mussten sich die Athener dem Kommando des Spartaners Eurybiades fügen, denn sie standen mit ihrer Forderung allein da. Denn feststeht, dass der Hellenenbund von Beginn an zu einer großen Mehrheit aus Mitgliedern des Peloponnesischen Bundes bestand, die „(...) ihre militärische Führung beizubehalten wünschten."[17] Wobei es nicht unnatürlich war, dass sich die Athener um eine vielleicht noch zu vergebene Stelle bewarben, schließlich waren sie es ja auch, die eine unbestreitbar hohe Qualifikation zur Leitung des Oberkommandos zur See mit sich brachten.[18] Herodot erklärt sich das Nachgeben der Athener in diesem Punkt mit deren Einsicht, auf die Bundesgenossen angewiesen zu sein.[19]

Überträgt man diese Tatsachen nun auf den Zusammenhang, innerhalb dessen in diesem Abschnitt der Versuch unternommen werden soll, eine Bewertung der politischen Stellung Athens innerhalb des Hellenenbundes in dessen Gründungszeit zu geben, stellen sich folgende Punkte heraus: Aufgrund der Tatsache, dass der Großteil der Mitglieder des Peloponnesischen Bundes auch zu den Verbündeten in der Helle-

---

[14] Meyer, H. D. (1963), 407.
[15] Ebd., 408.
[16] Meyer, H. D. (1963), 408 f.
[17] Vgl. Petzold (1993), 427.
[18] Meyer, H. D. (1963), 407.
[19] Hdt. 8, 2, 2- 3, 1; siehe dazu auch 24, 54. und Meyer, H. D. (1963), 405.

nensymmachie zählte, war deren gefällte Wahl auf Sparta als Hegemon insofern nachvollziehbar, als dass dieses ebenfalls im Peloponnesischen Bund die Führung inne hatte. Demnach waren die Rollen schon präjudiziert, bevor dies überhaupt zur Sprache gekommen war. So mochte Athen die entsprechenden Qualifikationen als Seemacht mit den meisten Trieren innerhalb des Bundes und gute Führungspersönlichkeiten[20] vorweisen können, nur konnte es keinen Rückhalt bei den Peloponnesiern, deren Meinung die Position des Hegemons im Hellenenbund bestimmte, finden. Auf Grundlage der Ausführungen lässt sich für Athens Stellung im Herrschaftsgefüge von 481 keine positive Wertung abgeben, denn die Dominanz in der Führung lag klar bei Sparta, und sie wurde gestützt von den Bundesgenossen.

2.2. Ereignisse des Perserkrieges im Spiegel der inneren Vorgänge im Hellenenbund

2.2.1. Die Wiederaufnahme des Perserkrieges

Im Frühsommer des Jahres 480 sollte ein an den Hellenenbund gerichteter Hilferuf der Thessalier den Beginn eines längeren Kanons an Kampfhandlungen gegen die Perser einleiten. Diese baten die Hellenen um die Sicherung der Pässe am Olymp, sodass die Perser nicht in Thessalien einfallen könnten. Der Bund reagierte und schickte „etwa zehntausend Hopliten“[21], hierbei war der Führer der athenischen Kontingente Themistokles, den Oberbefehl über die gesamte Streitmacht hatte allerdings der Spartaner Eurybiades inne. Welwei stellt bezüglich der Organisation der Feldzüge des Hellenenbundes fest, dass dessen Mitglieder vor Beginn dieses Feldzuges keine gemeinsamen Manöver unternommen hatten und somit das ganze Unternehmen den Eindruck erweckt, als wären auf der Gründungsversammlung keine verbindlichen strategischen Pläne entworfen worden[22], da „(...) eine klare strategische Gesamtkonzeption der Griechen und eine nüchterne Einschätzung der Kräfteverhältnisse ... nicht zu erkennen

[20] Parallel zu den Ereignissen rund um die Gründung des Hellenenbundes vollzog sich im Frühsommer des Jahres 480 in Athen ein entscheidendes Ereignis: Aufgrund des Mangels an wirklich qualifizierten Führungspersönlichkeiten zum Kampf gegen die Perser beschloss die athenische Volksversammlung, verbannte und ostrakisierte Bürger (außer der Peisistratiden) zu amnestieren. So kehrten denn auch Aristeides und Xanthippos auf die politische Bühne zurück (Vgl. dazu Welwei (1999), 56).

[21] Laut Hdt. 7, 172 f.

[22] Welwei (1999), 54; Vgl. auch Brunt, 58.

[sind]."[23] Diese Tendenz sollte sich durch die ganzen Kampfhandlungen des Hellenenbundes ziehen.

Diodor weiß zu berichten, dass Ende Juni heftige Diskussionen[24] über die weitere Kriegführung innerhalb des Kriegsrates ausbrachen, als sich die griechischen Streitkräfte aus Thessalien zur Isthmos zurückgezogen hatten. In den heftigen Gesprächen über die Weiterführung des Perserkrieges gerieten Athen und Sparta erstmalig aneinander, wobei sich das Themenfeld dieser Gespräche nur auf die Perserkriegsführung, nicht aber auf die Hegemonieforderung der Athener bezog.[25] Aus dieser Diskussion ging der Beschluss hervor, das Heer in den Thermophylen zu positionieren, um dem persischen Großkönig den Weg nach Hellas zu versperren und die Flotte nach Artemision an die Nordspitze von Euboia zu senden.[26] Eine Weiterführung der Isolation Athens war die unmittelbare Folge.

Jedoch sollte die nächste Problematik, die diesmal allerdings wirklich mit der Hegemonieforderung verbunden war, unmittelbar folgen: Die athenischen Truppen forderten das Oberkommando für Themistokles mit der Begründung, die Athener hätten mehr Schiffe als der Rest der Verbündeten zusammengenommen. Themistokles seinerseits soll die Situation souverän gemeistert haben und die Truppen zum Gehorsam gebracht haben mit der Aussicht, durch große Kriegsleistungen eines Tages die übrigen Bundesgenossen freiwillig auf ihre Seite ziehen zu können, denn dieser Versuch, die Verbündeten unter Druck zu setzen, misslang.[27] Dies war die erste Krise im Hellenenbund, die durch Athen herbeigeführt und die dadurch hervorgerufen wurde, dass eine „(...) längst getroffene Entscheidung rückgängig gemacht werden sollte."[28] H. D. Meyer stellt anhand der uns zur Verfügung stehenden Quellen von Herodot, Diodor und Thukydides fest, dass das Streben Athens nach Hegemonie das Einzige sei, was an den Quellen abgelesen werden können.[29] Weitere Motive und Bestrebungen, die Athen dazu gebracht haben können, es der Führungsposition wegen derart auf einen Streit mit den Verbündeten ankommen zu lassen, sind nicht nachweisbar. Im Hinblick auf

[23] Welwei (1999), 56.
[24] Diod. 11, 2- 11/ 26, 2.
[25] Meyer, H. D. (1963), 410.
[26] Hdt. 7, 175 f.
[27] Arist. Ath. Pol. Them. 7.
[28] Vgl. Meyer, H. D. (1963), 406 f.
[29] Ebd., 408.

die Isolierung Athens zu dieser Zeit sieht Meyer nur zwei Bedingungen, die den „(...) Spielraum der athenischen Politik bestimmten“[30]: Das Festhalten an der Seepolitik war die einzige Konzeption, die noch in Frage kam. Den Rahmen für diese Politik gab der Hellenenbund vor, außerhalb dessen sich Athen aufgrund seiner Isolation bewegungsunfähig sah.[31]

2.2.2. Artemision und Salamis

Als es dann schließlich zum Kampf kam, leistete die Flotte bei Artemision erfolgreich Widerstand[32] gegen die persischen Streitkräfte, wobei Herodot besonders den athenischen Trieren großen Anteil an diesem Siege zuspricht.[33] Dennoch konnte Xerxes weiter nach Mittelgriechenland vordringen, wo dieser auf dem Höhepunkt seines Erfolges Athen einnahm. Wäre an dieser Stelle der Kampfhandlungen die Führung durch interne Streitigkeiten gespalten gewesen, wären die folgenden Kampfhandlungen nicht so positiv für die Hellenensymmachie ausgegangen. So konstatiert auch Welwei, dass der „(...) Erfolg der Griechen schließlich dadurch möglich [wurde], daß sie nach dem Vorstoß der Perser bis Athen trotz aller Kontroversen die Kriegführung unter einheitlichem Kommando fortsetzten.“[34] Gegen Ende September des Jahres 480 wurde der persische Großkönig in der sog. „Entscheidungsschlacht bei Salamis“ von den griechischen Flottenkontingenten geschlagen, wobei auch hier wieder ein großer Teil des Verdienstes der Konzeption des Atheners Themistokles[35] zugesprochen wird, der sich einer Defensiv-Strategie vor der Schlacht bedient haben soll. So war ein wichtiges Kriegsinstrument der Perser, die Flotte, ausgeschaltet und damit wiederrum war die persische Kombinationsstrategie von Flotte und Heer gescheitert.[36]

Ein Vorschlag des Themistokles, die persische Flotte bis nach dem Hellespont zu verfolgen, um dort die Verbindungsbrücken zu zerstören, wurde allerdings im an-

---

[30] Ebd., 410.
[31] Meyer, H. D. (1963), 410. Besonders deutlich wurde später dieser Kurs Athens, als diese das persische Bündnisangebot (nach Salamis) ablehnten (Vergleiche dazu Hdt. 8, 140 ff.).
[32] Da der Schwerpunkt der vorliegenden Arbeit nur auf der Darstellung der Ereignisse, deren Verlauf und Ergebnisse entscheidende für die Fragestellungen sind, liegt, soll an dieser Stelle auf eine ausführliche Darstellung des Kriegsverlaufes nach den Schlachten bei Artemision und den Thermophylen verzichtet werden.
[33] Hdt. 8, 42.
[34] Welwei (1999), 63.
[35] Petzold (1993), 425.
[36] Hdt. 8, 96.

schließenden Kriegsrat von dem Spartaner Eurybiades abgelehnt.[37] An dieser Stelle des Berichts Herodots wird das Kriegsziel der Hellenensymmachie durch Eurybiades deutlich: Der „Krieg gegen die Barbaren" in deren eigenen Land.[38] Die Meerengen nicht zu sperren war in Anbetracht der Tatsache, dass es dadurch nur zu einem persischen Teilrückzug kam und demnach persische Besatzungen in Boiotien und den Thermophylen zurückblieben, eine bedeutsame Entscheidung. Dies implizierte wiederrum, dass sich Mittelgriechenland auch nach dem Sieg des Hellenenbundes über die Perser bei Salamis Ende 480 weiterhin der Gefahr von erneuten Angriffen ausgesetzt sah.[39]

2.2.3. Schlachten bei Plataiai und Mykale

So zogen sich Teile der persischen Armee zunächst in das Winterlager nach Thessalien zurück.[40] Im folgenden Jahr nahm der persische Großkönig seine Offensive gegen die Griechen wieder auf: Nach einem erneuten Vordringen der persischen Truppen bis nach Athen fand im Sommer 479 die entscheidende Landschlacht zwischen Persern und Griechen bei Plataiai statt[41]- die „größte Hoplitenschlacht der damaligen Zeit (...)!"[42]. Hierbei ist die außergewöhnlich starke Kampfkraft der Spartaner und die souveräne Führung durch den Feldherrn Pausanias hervorzuheben, wodurch schließlich der Sieg für die Griechen errungen werden konnte.[43]

Allerdings stellte sich nach den Schlachten im Sommer 479 erstmalig die Frage, ob nun überhaupt eine Fortsetzung des Kriegs gegen die Perser anstehen würde, oder ob man nun, da die Perser besiegt schienen, das Ziel des Hellenenbundes als erreicht ansehen konnte.[44] Fest steht, dass, wollte Athen eines Tages die Hegemonie in der Hellenensymmachie übernehmen, es verhindern musste, dass das Ziel des Bundes erreicht wurde bzw. als erreicht proklamiert wurde. Eine Folge daraus wäre nämlich gewesen, dass die Verbündeten das weitere Bestehen des Hellenenbundes als solches in Frage

---

[37] Petzold (1993), 427.
[38] Hdt. 8, 108; Vgl. dazu auch Petzold, Karl- Ernst: Die Gründung des Delisch- Attischen Seebundes II, in: Hist. 43 (1994), 1- 31, 4.
[39] Vgl. Welwei (1999), 67.
[40] Hdt. 8, 97.
[41] Hdt. 9, 25 ff.
[42] Vgl. Schubert, C.: Athen und Sparta in klassischer Zeit, Stuttgart 2003, 46.
[43] Hdt. 9, 15- 85.
[44] Vgl. ATL III, 187 f.

gestellt hätten.[45] Vermutlich mit diesem Hintergedanken soll Aristeides auf dem Kongress bei Plataiai vorgeschlagen haben, ein stehendes Bundesheer zu bilden, welches aus Schiffen, Fußtruppen und Reiterei gebildet würde.[46] Meyer bewertet diesen Plan der athenischen Diplomatie als absolut erwartungsgemäß entsprechend der Lage Athens, denn die Fortsetzung des Perserkrieges sei impliziert, würde eine solche Ausgestaltung des Bundes angeregt werden.[47] Laut Plutarch drang dieser Plan durch, allerdings erhebt Meyer in Anbetracht der Unternehmungen der folgenden Zeit Bedenken daran. Sicher sei nur, dass, „(...) wenn Athen sich die Fortsetzung des Seekrieges erhofft hatte, ...diese Hoffnung vergeblich [war].“[48]

Einen Nachweis dafür, dass Sparta zu diesem Zeitpunkt nach wie vor unangefochten als Ansprechpartner im Mutterlande galt, findet Meyer in dem Verlauf der Unternehmung, die auf das Bitten um einen Befreiungsfeldzug der Chier[49] nach Ionien bei der im Frühjahr 479 bei Aigina liegenden griechischen Flotte folgte: Zwar brach die griechische Flotte auf, fuhr allerdings nicht zur ionischen Küste, sondern stoppte in Delos. Herodot begründet dies mit der Furcth der Hellenen, sich in eine unbekannte Gegend zu wagen. Fest steht, dass sich die Chier mit ihrer Bitte nicht an Athen gewandt hatten, sondern an Sparta. Außerdem kommt hier schon ein Wesenszug in der spartanischen Führung zum Ausdruck, der bis zur Gründung des Ersten Delisch- Attischen Seebundes zukünftig öfters in Erscheinung treten sollte: Die Abneigung Spartas gegen die Option, Krieg in Ionien zu führen.[50] Laut Petzold stehe fest, dass bei Sparta und den Peloponnesiern „(...) keine Neigung bestanden [hat], den Krieg auf Ionien auszudehnen und aggressiv weiterzuführen.“[51]

Wenn auch Themistokles mit seinem Vorschlag, die Brücken niederzureißen, keine Zustimmung erhielt, so war er doch die treibende Kraft bei den Forderungen von Zahlungen, die einige Inselpoleis (u.a. Andros, Paros und Karystos)[52], als Strafe dafür, dass sie sich auf Seiten der Perser gestellt hatten, zahlen sollten. Die Betroffenen

---

[45] Meyer, H. D. (1963), 411.
[46] Plut. Arist. 21.
[47] Vgl. Meyer, H. D. (1963), 412; Des Weiteren sieht Meyer in der Wiederaufnahme und Weiterführung des Krieges gegen die Perser zur See einen geplanten Weg Athens zur Macht (siehe Seite 410).
[48] Meyer, H. D. (1963), 412.
[49] Vgl. auch Raaflaub, K.: Beute, Vergeltung, Freiheit? Zur Zielsetzung des Delisch- Attischen Seebundes, in: Chiron 9 (1979), 1- 22, 13.
[50] Meyer, H. D. (1963), 412 f.
[51] Meyer, H. D. (1963), 413.
[52] Hdt. 8, 111 ff.

glaubten aufgrund des hohen Ansehens, welches Themistokles genoss, dass dieser im Namen der Symmachie handele und waren größtenteils bereit, zu zahlen.[53] Unter Drohung weiterer Belagerung soll Themistokles auf diese Weise große Summen erpresst haben.[54]

Bereits an dieser Stelle zeigt sich ein Problem, welches die „(...) Bereitstellung der Mittel für die Unterhaltung einer für griechische Verhältnisse ungewöhnlich großen Flotte (...)“[55] nach sich zieht: Die erhaltenen Beiträge, der Zahlungen als „Strafe“, wurden zur Finanzierung der griechischen Flottenmannschaften benötigt. Letztlich wurde somit die athenische Flotte mit den Mitteln, die sie selbst einbrachte, finanziert.[56]

Meyer vermutet das erste kleine Sonderunternehmen Athens hinter dieser von Herodot beschriebenen Hellenenbundunternehmung des Einziehens von Strafgeldern.[57] Allerdings ist diese Forderung nicht als selbstständiger Emanzipationsversuch des Themistokles raus aus der Entscheidungsgewalt des spartanischen Oberkommandierenden zu werten. Erst nach dem Sieg bei Mykale trat sein Nachfolger Xanthippos als selbstständig handelnder athenischer Truppenführer erstmalig auf.[58] Zu diesem Zeitpunkt allerdings waren die Athener gegenüber dem spartanischen Oberkommando loyal. Für Petzold kann nicht überzeugender als die Textstelle in Herodots Bericht (9, 46, 3) „(...) verdeutlichen, daß die Athener die spartanische Hegemonie bedingungslos akzeptierten (...).“[59]

Im Vergleich zur Stellung Athens von 481 hatten sich für die Polis keine Fortschritte ergeben. Im Gegenteil ist im Vergleich zu den Vorjahren Ende des Sommers 479 sogar eine zunehmend isolierte Stellung Athens innerhalb der Hellenensymmachie zu bemerken, denn die erneute Weigerung der Verbündeten auf dem Kongress auf

---

[53] Petzold (1993), 425.
[54] Hdt. 8, 111-112.
[55] Vgl. Welwei (1999),66 und Kiechle, F.: Athens Politik nach der Abwehr der Perser, HZ 204 (1967), 265-304, 271 f.
[56] Vgl. Meyer, H. D. (1963), 410; Kiechle, 241 geht davon aus, dass sich Themistokles dessen bewusst war, dass „(...) die von ihm geschaffene Flotte nach 480 nur durch Heranziehung der Finanzkraft anderer bestehen bleiben konnte.“
[57] Meyer, H. D. (1963), 410.
[58] Petzold (1993), 425.
[59] Ebd. (1993), 426.

Plataiai, Athen mit der Führung im Seekrieg zu betrauen, drängte Athen weiter ins politische Abseits.[60]

Im Gegensatz zu den Chiern hatte eine Gesandtschaft aus Samos mehr Erfolg, als sie im Namen der Ionier in Delos zum zweiten Mal die griechische Flotte aufforderte, das ionische Gebiet in einem Krieg gegen die Perser zu befreien.[61] Dass Leotychidas sich bereit erklärte, nach Samos zu kommen, erklärt sich H.D. Meyer mit dem Sieg bei Plataiai kurze Zeit zuvor, welcher wohl den Spartaner „zu einem Vorstoß ermutigt habe“[62], stellt aber gleichzeitig die Unmöglichkeit der Nachprüfbarkeit dieser Vermutung in Aussicht, weshalb er sich zu der einfachen Annahme, „(...) Leotychidas habe sich dem Drängen der Ionier nicht länger entziehen können(...)“[63], hingibt. Nun war genau das eingetreten, was „(...) Sparta zu Beginn des ionischen Aufstandes entschieden verhindert hatte(...): Man war in einen Krieg weitab von der Basis im Mutterlande verwickelt.“[64] Also begann man den Krieg in Ionien, über die Reaktion der Bundesgenossen über diese Entscheidung schweigen die Quellen. Eine kombinierte See- und Landschlacht wurde bei Mykale durchgeführt, wobei die griechische Flotte von dem spartanischen König Leotychidas befehligt wurde.[65] Er führte also das Oberkommando, während Xanthippos, der Stratege des Jahres 480/79, vollkommen loyal gegenüber den Spartanern die athenische Flotte kommandierte.[66]

Letztlich hatte der Hellenenbund nun genau das getan, was Athen zuvor vergeblich versucht hatte: Der Krieg gegen die Perser wurde weiter geführt und die Hellenensymmachie blieb demnach bestehen, da sie ihre Aufgabe noch nicht erfüllt sah. Der errungene Sieg beschleunigte die Abfallbewegungen fast aller ionischer Städte von den Persern. Allerdings musste man sich nun eine Frage stellen, die die folgende Konferenz von Samos im Herbst 479 maßgeblich beschäftigen sollte: Welche Maßnahmen sollten

[60] Meyer, H.D.: Abfall und Bestrafung von Bündnern im Delisch- Attischen Seebund, in: HZ 191 (1961), 497- 509, 498.
[61] Raaflaub, 13.
[62] Meyer, H. D. (1963), 413 , auch so McGregor, M. F. /Meritt, B.D. /Wade- Gery, H. T.: The Athenian Tribute Lists (ATL) , Bd. 3, Cambridge (Mass.), Princeton 1950, 187.
[63] Meyer, H. D. (1963), 413 f.
[64] Ebd., 414.
[65] Hdt. 8, 131 ff.
[66] Petzold (1994), 23.

nun ergriffen werden, um das befreite ionische Gebiet vor erneuten Übergriffen durch die Perser zu schützen?[67]

2.3. Athens Alleingang weg von der Isolierung und neue Formierung innerhalb des Hellenenbundes

Wodurch veränderte sich die Situation so rapide, dass die Athener das Kommando über die Flotte erhielten?

2.3.1. Die Konferenz von Samos im Herbst 479 v. Chr.

Einen hinreichenden Bericht über den Verlauf und die Inhalte der Konferenz von Samos gibt Herodot (9, 106), eine Ergänzung wird von Diodor (11,37) geliefert. Ersterer soll zur Grundlage der Interpretation der Geschehnisse herangezogen werden, nicht zuletzt deswegen, weil der Bericht von Diodor Ungenauigkeiten und Irrtümer beinhaltet und teilweise „(...) eklatante Diskrepanzen zwischen Herodots und Diodors Darstellung der Beratungen ...[bestanden]." [68] Auf Samos trafen alle Eidgenossen zusammen, die an dem Bundesfeldzug des Sommers 479 teilgenommen hatten.[69] Besonders die athenische Verhandlungstaktik und ihre Motive werden in diesem Bericht Herodots beleuchtet und sollen auch den Kern der Untersuchung in diesem Abschnitt bilden.

Herodot weiß zu berichten, dass Hauptpunkt der Konferenz auf Samos die Frage einnahm, welche Präventivmaßnahmen am besten zum dauerhaften der Schutz der ionischen Gemeinden vor den Persern zu ergreifen wären.[70] Dazu habe man erwogen, wo am besten die Ionier in Hellas angesiedelt werden könnten, da man Ionien den „Barbaren"[71] überlassen werde, schließlich sei ein ständiger Schutz der Ionier, welcher eine dauerhafte Präsenz der Hellenen in Kleinasien bedeuten würde, unmöglich. Die peloponnesischen Führer fassten dazu einen Umsiedlungsplan für die Ionier ins Auge, ihre neue Heimat sollten die Gebiete sein, aus denen die handeltreibenden perser-

---

[67] Meyer, H. D. (1963), 414 f.

[68] Smarczyk, B.: Untersuchungen zur Religionspolitik und politischen Propaganda Athens im Delisch-Attischen Seebund, Quellen und Forschungen zur Antiken Welt, Bd. 5, München 1990, 414; Petzold (1993), 432.

[69] Smarczyk (1990), 407.

[70] Smarczyk (1990), 407.

[71] Gemeint sind mit dieser Bezeichnung die Perser.

freundlichen Hellenenstämme vertrieben würden.[72] An dieser Stelle der Konferenz meldeten sich erstmals explizit die Athener zu Wort, indem sie diesen Plan kategorisch ablehnten mit der Begründung, die Peloponnesier dürften gar nicht über das Schicksal der Ionier bestimmen, da diese Gemeinden „athenische Pflanzstädte" seien. Als Ergebnis der Konferenz wurden die Inselgemeinden Samos, Lesbos, Chios und noch einige andere in den Hellenenbund aufgenommen, welchem sie sich durch Leistung eines Eides zu Treue verpflichten mussten.

H.D. Meyer revidiert einige Formen der Interpretationen der Geschehnisse der Konferenz, da er überzeugt ist, dass die Ansicht, der Vorschlag des Umsiedlungsplanes sei von Sparta ausgegangen und alles sei letztlich an Athens Widerstand gescheitert, eine „vereinfachende und zum Teil unzutreffende Auslegung der Quellenberichte(...)"[73] ist. So sei es zum Beispiel nicht überliefert, ob der Vorschlag der Umsiedlung tatsächlich von den Spartanern ausging. Bezüglich des Umsiedlungsplanes als solchen ist aber zu vermuten, dass vor Beginn der Konferenz bereits Einigkeit unter den Verbündeten darüber geherrscht hatte, dass dem Umsiedlungsplan zugestimmt werden würde. So bildete nicht die Entscheidung darüber, ob er angenommen würde, den Ausgangspunkt der Gespräche, sondern die Frage danach, wie er durchgeführt werden würde.[74] D.H. Meyer sieht in der Tatsache, dass man bereits „(...) zur Klärung der damit verbundenen Einzelheiten(...)"[75] übergegangen war, die Bestätigung für seine Auslegung. Kiechle deutet Herodots Bericht so, dass die Vorschläge der Spartaner von der Annahme ausgingen, dass die Freiheit für die Ionier nur durch „(...) dauernden massiven militärischen Schutz seitens des griechischen Mutterlandes erhalten werden könnte."[76] So war für die Peloponnesier keinesfalls die Tatsache abzustreiten, dass eine dauernde Wache vor der Künste Ioniens nötig schien, nachdem in den vergangenen Jahren so viele persische Übergriffe auf das Gebiet stattgefunden hatten. Also sahen sie neben dieser Möglichkeit des Schutzes der ionischen Gemeinden nur noch die Option der Umsiedlung, wenn sie nicht gewillt waren, dauerhaft auf ionischem Gebiet militärisch aktiv zu sein. Eine positive Folge des Umsiedlungsplanes schien außerdem, dass sich

---

[72] Siehe dazu auch Petzold (1994), 29.
[73] Meyer, H. D. (1963), 416.
[74] Vgl. Ebd., 416.
[75] Ebd., 416.
[76] Hdt. 9, 106, 2; Kiechle, 267.

den Peloponnesiern zusätzlich die Möglichkeit bot, die Perserfreunde im Mutterland zu bestrafen.[77]

In Hinblick auf die andere Option des Schutzes konstituiert Petzold jedoch, dass die Spartaner von einer militärischen Bindung auf unabsehbare Zeit zurückschreckten.[78] Dieses Prinzip verfolgten die Spartaner schon seit der Gründung der Hellenensymmachie und daraus ergibt sich letztlich ihr auffallendes Desinteresse bei dem kommenden Unternehmen am Hellespont, den Perserkrieg weiter zu führen.[79] Im Gegensatz zu ihnen verpflichteten sich die Athener gegenüber den ionischen Gemeinden zu dauerhaftem militärischen Schutz.[80] Letztlich unterschied die Athener von den Spartanern nicht die Beurteilung der Situation, sondern die Entscheidung für die durchzuführenden Maßnahmen.[81]

H.D. Meyer geht im Gegensatz zu Petzold davon aus, dass die Athener zunächst für eine Umsiedlung eingetreten sind, dann aber plötzlich ihre Haltung geändert hätten.[82] Hierbei hat Meyer vermutlich die Stelle in Diodors Bericht vor Augen, in welcher dieser schreibt, Xanthippos sei ursprünglich für den Umsiedlungsplan eingetreten und erst nach einem Stimmungsumschwung hätten die Athener schließlich dem Plan widersprochen. Bemerkenswert ist, dass im Gegensatz dazu Herodot den Athenern von Anfang an den Widerspruch gegen den Umsiedlungsplan zuschreibt.[83] Tendenziell ist aufgrund der zu Beginn bewerteten historischen Glaubwürdigkeit der Quellen eher dem Bericht Herodots zu folgen, nicht zuletzt auch deswegen, da Smarczyk ebenfalls zu dem Ergebnis kommt, dass die „(...) Stichhaltigkeit der genannten Elemente bei Diodor ...starken, sachlich begründeten Zweifeln [unterliegt]." [84]

Besonders hervorzuheben ist- vor allem in Bezug auf Athens Entscheidung für die ionischen Gemeinden den Umsiedlungsplan betreffend- noch einmal das besondere

---

[77] Smarczyk (1990), 408.
[78] Petzold (1993), 432; Vgl. dazu auch Larsen, J. A. O.: The Constitution and Original Purpose of the Delian League, HStClPh 51 (1940), Studies Ferguson, 175- 213, 181.
[79] Zur Haltung der Peloponnesier beim Hellespontunternehmen siehe Petzold (1993), 433.
[80] Meyer, H. D. (1991), 498.
[81] Kiechle, 268.
[82] Meyer, H. D. (1963), 416 ff.; Petzold (1993), 432: Petzold geht also davon aus, dass die Athener von Anfang an nicht mit dem Umsiedlungsplan einverstanden gewesen seien.
[83] Diod. 11, 37, 1 ff.; im Gegensatz dazu siehe Hdt. 9, 106, 3.
[84] Vgl. Smarczyk (1990), 414; siehe dazu auch Seite 416, wonach Smarczyk erneut zu dem Ergebnis kommt, dass Diodors „tendenziöse Dramatisierung der Ereignisse" dessen Bericht weniger glaubwürdig erscheinen lässt.

Verhältnis der Athener zu den ionischen Gemeinden, welches im Wesentlichen mitbestimmend für die auf der Konferenz gefallene Entscheidung war. Athen widersprach dem Umsiedlungsplan laut Herodot mit der Begründung, die Peloponnesier hätten nicht über das Schicksal der Ionier zu beraten, weil die ionischen Gemeinden „athenische Pflanzstädte“ seien. Smarczyk konstatiert, dass der Anspruch der Athener darauf, Mutterstadt der Ionier zu sein, früher zurück ginge als zur Zeit der Gründung des Seebundes. Der Glaube an eine Herkunft von Athen trage Wurzen in der während „(...) der Archaik geläufigen Tradition über eine Besiedlung der kleinasiatischen Westküste durch die Griechen.“[85] Bereits nach der Schlacht am Artemision sind im Bericht Herodots Hinweise dazu zu finden, dass sich die Athener der Stammesverwandtschaft zu den Ioniern bewusst waren und diese ihnen gegenüber auch offen bekundeten.[86]

Fest steht, dass sich die Athener mit dieser Aussage als Mutterstadt der Ionier darstellten. Aus dieser Tatsache ziehen sie die Legitimation für ihr eingelegtes Veto[87] auf der Samoskonferenz, denn nicht zuletzt hätte die Durchführung dieser Umsiedlung bedeutet, dass „(...) Sparta als Hegemon der vereinigten Griechen anstelle Athens zur Metropolis der ionischen Kolonisten geworden [wäre].“[88] Denn betrachtet man die Denkweise, mit welcher scheinbar an den Umsiedlungsplan bei der Ausarbeitung herangegangen war, fällt hierbei besonders das Kategoriedenken in Form von Koloniegründungen auf, welche letztlich ja auch die Lösung des Problems sein sollten.[89]

Eine andere Begründung für den Widerspruch Athens gegen den Plan vermutet Meyer in den unerwünschten Folgen, die ein Ausgang günstiger Verhandlungen für Athen bedeutet hätte. Denn eine Umsiedlung der Ionier hätte ein Ende ihres Schutzbedürfnisses und demnach auch ein Ende der Kampfhandlungen gegen die Perser bedeutet, was dem Hellenenbund seine Existenzgrundlage, die ja durch die gemeinsame Zielsetzung der Bündner gegeben war, entzogen hätte und schließlich das „(...) endgültige Scheitern der athenischen Pläne in der bisherigen Form gewesen [wäre].“[90] So habe es also für die Athener nur noch ein Mittel gegeben, um die drohende Wendung in der

85 Vgl. Smarczyk (1990), 371 f.
86 Hdt. 8, 22, 1.; Vgl. dazu auch Smarczyk, B.: Religion und Herrschaft: Der Delisch- Attische Seebund, in: Saeculum 58 (2007), 205- 228, 208.
87 Smarczyk (1990), 407.
88 Vgl. Petzold (1993), 429 und Diod. 11, 37, 3.
89 Petzold (1993), 429.
90 Meyer, H. D. (1963), 417.

Hellenenbundpolitik zu verhindern: Indem man die Ionier in den Hellenenbund aufnahm, band man diese und damit auch die Verpflichtung zur deren Schutz dauerhaft an die Symmachie, womit eine Fortführung des Krieges gegen die Perser unvermeidlich wurde.[91] Erstmalig nämlich widersprach die athenische Führung durch den Strategen Xanthippos dem spartanischen Oberkommando mit Argumenten, die von den Peloponnesiern anerkannt wurden. Diese Argumente verfehlten auch nicht ihre Wirkung beim attischen Demos, und so konnte Xanthippos damit rechnen, dass „(...) es vom Demos gebilligt würde, wenn er den Ioniern athenischen Schutz vor den Persern zusicherte."[92] Allerdings geht nun aber aus Herodots Bericht nur hervor, dass die Inselgemeinden[93] der Ionier in den Bund aufgenommen wurden, von den Festlandsgemeinden, die weitaus dringender des Schutzes[94] bedurften, da sie ja bei einem persischen Rachefeldzug diesen schneller ausgeliefert wären, ist hierbei nicht die Rede. Meyer weiß dies als Kompromiss von Seiten Spartas zu werten, konstituiert aber auch deutlich, dass alle Inseln, die an dem Feldzuge zuvor beteiligt waren, aufgenommen wurden. Die Festlandsgemeinden, die sich ebenfalls an der Schlacht bei Mykale beteiligt hatten, wurden hingegen nicht aufgenommen.

Neben der Aufnahme und Vereidigung neuer Mitglieder brachte die Konferenz noch als Ergebnis hervor, dass sich die Athener gegen die Peloponnesier durchsetzten und der Umsiedlungsplan abgelehnt wurde. Stattdessen sollten in Zukunft die Ionier vom Hellenenbund vor persischen Übergriffen beschützt werden. Aus Sicht der Athener war dieser gefasste Beschluss ein sehr großer Erfolg, da sie ihre Interessen gewahrt sahen, während dies für Sparta eine Niederlage bedeuten musste, da es sein bisher erfolgreich verteidigtes Prinzip durchbrochen hatte.[95]

Diese Entscheidung des Leotychidas zur Kriegsführung in Ionien hatte also eine Bewegung nach sich gezogen, deren Auswirkungen eine bedeutende Entwicklung beschleunigten, wie sie zu diesem Zeitpunkt nicht einmal von den leitenden athenischen Männern in ihrer ganzen Dimension erfasst werden konnte. Jedoch waren ihre mittel-

---

[91] Ebd., 418.

[92] Petzold (1994), 23 und Diod. 11, 36 f.

[93] Smarczyk (1990), 419 schreibt den neu aufzunehmenden Chiern und Lesbiern ein vermutlich hohes Stimmgewicht bei der Diskussion um den Umsiedlungsplan zu, da er für diese Gemeinden negative wirtschaftliche und geopolitische Folgen bedeutet hätte.

[94] Welwei, K.- W.: Die griechische Polis. Verfassung und Gesellschaft in archaischer und klassischer Zeit, Stuttgart, u.a. 1983, 172.

[95] Meyer, H. D. (1963), 418.

fristigen Auswirkungen nun absehbar: Da sich die Interessenlage der Samier und Chier mit der von Athen überschnitt und diese somit eine Koalition gemeinsamer Interessen bilden konnten, begann sich Athen aus seiner Isolierung herauszulösen, welche bis dato der Grund für dessen Misserfolge gewesen war: Die diplomatischen Aktionen Athens auf der Konferenz von Samos hatten zu einer „(...) Vervollständigung und Festigung dieser Koalition [geführt]“[96] und ab dem Zeitpunkt, wo den Inselioniern die Aufnahme in die Hellenensymmachie gelungen war, konnte Athen aufgrund der gleichen Interessen, die sie miteinander teilten, als „Wortführer einer Koalition“[97] auftreten. Die weiteren Ereignisse werden Beweis dafür sein, dass diese Koalition bereits zu diesem Zeitpunkt mehr gewesen ist, als „(....) nur eine Fraktion innerhalb des Hellenenbundes.“[98] Und eine entscheidende Rolle wird dabei das Bewusstsein der Ionier darüber, dass ein militärischer Schutz durch die Peloponnesier zukünftig nur unzureichend zu erwarten war, spielen.[99]

2.3.2. Der Zug gegen Sestos

Das erste große Unternehmen, an welchem sich auch die auf der Konferenz von Samos neu aufgenommenen Mitglieder beteiligten, war der Vorstoß der Hellenenflotte im Spätherbst 479 nach Kleinasien mit dem Ziel der Prävention eines erneuten persischen Angriffs und der Sicherung des Erreichten, denn die Perser waren zwar bei Plataiai und Mykale besiegt worden, hielten aber weiterhin einige Stützpunkte in Kleinasien auf ionischem Gebiet besetzt. So entschieden sich die Spartaner für die Fortsetzung des Perserkrieges auf Grundlage des Konzeptes der „offensiven Verteidigung“. Offensiv deswegen, weil diejenigen Ionier, die noch unter persischer Herrschaft standen, befreit werden sollten. Der defensive Charakter des Unternehmens liegt in der „Sicherung der erkämpften Freiheit“ der Ionier begründet.[100]

In seinem Bericht über die anschließend geplante Unternehmung des Hellenenbundes schreibt Herodot[101], dass die Flotte von Mykale nach dem Hellespont gesegelt war mit

---

[96] Ebd., 414.
[97] Ebd., 419.
[98] Ebd., 419.
[99] Vgl. Kiechle, 269.
[100] Raaflaub, 17.
[101] Hdt. 9, 114.

der Absicht, die dortigen Brücken zu zerstören. Als sie diese jedoch zerstört vorfanden, sollen die Peloponnesier und Leotychidas daraufhin die Rückkehr nach Hellas angetreten haben, während die Athener unter der Führung des Xanthippos mit dem Vorhaben, die Chersones angreifen zu wollen, zurück blieben.[102] Es war die Zeit, in welcher Themistokles nicht mehr mit führenden Aufgaben betraut wurde, da ihm offensichtlich nur noch fehlende Akzeptanz und Neid wegen seiner Salamis- Errungenschaften entgegen gebracht wurden. Das Vertrauen des Demos war auf Aristeides, Xanthippos und Kimon übergegangen.[103] Indem die Ionier Xanthippos erstmalig mit dem Oberkommando betrauten, bekam dieser stellvertretend für Athen auch erstmalig die Gelegenheit, die Glaubwürdigkeit des Versprechens der Athener von Samos, nämlich Schutz für die ionischen Griechen zu übernehmen, unter Beweis zu stellen.[104] Nun übernahmen die Athener also die Führung für das geplante Unternehmen, ohne dass sich allerdings ein Hegemoniewechsel innerhalb des Hellenenbundes vollzog, und diesem Unternehmen schlossen sich auch die Festlandsionier, die nicht dem Hellenenbund angehörten, an.[105] Folgt man Thukydides´ Bericht, so haben die Athener vor Ausbruch des Peloponnesische Krieges ihre Arché damit gerechtfertigt, dass sie sie nicht gewaltsam an sich gerissen hätten, „(...) sondern die Bundesgenossen die Athener um die Führung gebeten hätten, weil die Spartaner nicht dableiben wollten."[106]

Der Unterschied zum Bericht von Diodor (11, 37, 4 f.) liegt darin, dass Herodot von einer Belagerung der Stadt Sestos spricht, während Diodor berichtet, Athen sei gegen Sestos gezogen.[107] Fest steht, dass sich beide Geschichtsschreiber in dem Punkt einig sind, dass an dieser Unternehmung kein Peloponnesier teilnahm. Laut Thukydides[108] bestand das Kontingent, welches unter Athens Führung nach Sestos zog, aus Athenern und Verbündeten von dem Hellespont und Ionien, die von den Persern abgefallen waren. Dass dies ein athenisch geführtes Unternehmen ohne die Beteiligung peloponnesischer Truppen war, sollte sich als entscheidend für die weitere Entwicklung von Athens Position erweisen.

---

[102] Thuk. 1, 89, 2; Hdt. 9, 114, 2.; Petzold (1993), 433 und siehe auch Smarczyk (1990), 427.
[103] Welwei (1999), 76.
[104] Petzold (1993), 435.
[105] Welwei (1983), 172; Vgl. auch Meiggs, R.: The Athenian Empire, Oxford 1992, 35 f.
[106] Petzold (1993), 434; Vgl. vor allem Thuk. 1, 75, 2.
[107] Siehe dazu auch Meyer, H. D. (1963), 419.
[108] Thuk. 1, 89, 2.

So zog also eine Koalition aus athenischen und ionischen Kontingenten, die teilweise nicht einmal dem Hellenenbund angehörten, gegen Sestos. Aber konnte man ausgehend von diesen Fakten überhaupt noch von einem Unternehmen der Hellenensymmachie sprechen? Hatte sich mit dieser neuen Koalition ein Sonderbund innerhalb des Hellenenbundes, eine athenisch- ionische Symmachie gebildet? H.D. Meyer führt diesbezüglich aus, dass diese von Athen geführte Koalition gewissermaßen alle Merkmale einer Symmachie erfüllt, jedoch fehlte dieser formell gesehen ein Bundesbeschluss.[109] Von außen betrachtet entsprach dieses Verhältnis innerhalb der Koalition durchaus einer Symmachie, nur wurde es auch von Seiten der Koalitionspartner als solches verstanden?

Aus der Textstelle[110] in Thukydides´ Bericht, in welcher dieser die Teilnehmer an dem Feldzug *Symmachoi* der Athener nennt, versucht H.D. Meyer Indizien für die Fragestellung abzuleiten, dass die Athener „(...) mit den festländischen Gemeinden eine eigene Symmachie gegründet hatten."[111] Inwiefern der Gebrauch dieser Bezeichnung an dieser Stelle tatsächlich in dem hergeleiteten Zusammenhang zu begreifen ist, lässt sich nur mangelhaft nachweisen.

Meyer macht seine Antwort auf diese Fragestellung von der einzigen ihm bekannten Stelle[112] in der Überlieferung abhängig, in welcher von einer Verabredung zwischen den Athenern und den Ioniern die Rede ist. In dieser Stelle sollen die Athener den Ioniern geraten haben, den auf der Samoskonferenz von den Spartanern vorgeschlagenen Umsiedlungsplan abzulehnen und ihnen in Aussicht gestellt haben, sie auch ohne die Hilfe anderer Griechen notfalls alleine vor persischen Überfällen zu schützen.[113] In dieser Zusicherung könnte die Grundlage für eine Symmachie gelegen haben. Meyer schließt allerdings aus, dass Athen den Feldzug nach Sestos aufgrund seines Hilfeversprechens von der Samoskonferenz unternommen hatte, denn nichts deute auf das Eintreten eines Verteidigungsfalles der Ionier hin.[114] Diese Quelle liefere den

---

[109] Meyer, H. D. (1963), 424.

[110] Thuk. 1, 89, 2.

[111] Meyer, H. D. (1963), 420; Bickermann, E.: Bemerkungen über das Völkerrecht im klassischen Griechenland, in: Gschmitzer, F. (Hrsg.): WdF, Bd. 96, Darmstadt 1969, 474- 502, 474 übersetzt die Bezeichnung „συμμάχους" wörtlich: „(...)wer auf der Seite eines anderen kämpft, ihm seinen Beistand leiht."

[112] Diod. 11 ,37, 3.

[113] Siehe dazu auch Meyer, H. D. (1963), 421.

[114] Ebd., 422.

Schlüssel zum „(...) Verständnis der Beziehungen zwischen Athenern und Festlandsioniern.“[115] Doch ist hiermit längst nicht die Frage einer athenisch- ionischen Symmachie gelöst,[116] denn fest stehe nur, dass dem Sestos- Unternehmen alle Beteiligten ein gewisses Maß an Eigeninteresse entgegenbrachten, wodurch sich die Frage danach, „(...) auf Grund welcher Verpflichtungen die Ionier Athen Zuzug leisteten (...)“[117], als nicht sachgemäß erweise. Die Festlandsionier hatten es nicht nötig, ein Symmachieverhältnis einzugehen, da ihnen die Einsicht, der Schutz vor den Persern würde umso größer, je mehr sie diese zurückdrängten, Motivation zur Unterstützung der Feinde des Feindes genug war. Das gleiche Motiv bewegte die Inselionier zur Unterstützung des Feldzuges, wobei zusätzlich deren gute Beziehungen zu Athen mit hineinspielten.[118] Zusammenfassend kann konstituiert werden, dass, da die Quellen über das Vorhandensein einer athenisch- ionischen Symmachie keine Auskunft geben, deren Existenz zwar vermutet, aber nicht bewiesen werden kann. So wäre es verfehlt, in dieser Koalition einen Sonderbund zu sehen, der als Keimzelle des delisch- attischen Seebundes fungierte. Vielmehr habe die ganze Koalition der Athener, der Inselgemeinden und der Festlandsgemeinden, wie sie im Zug gegen Sestos das erste Mal geschlossen auftrat, den Keim für die Gründung des Seebundes gelegt.[119] Auch Petzold schließt sich auf Grundlage der Überlieferung dieser Schlussfolgerung an, wenn er sagt, dass in dieser die Wurzeln der delisch- attischen Symmachie bereits 479 sichtbar werden.[120]

Trotzdem viele Fragen ungeklärt bleiben müssen, weisen die überlieferten Ereignisse von Sestos doch viele Ergebnisse auf, die für die weitere Untersuchung in Bezug auf die Entwicklung der Stellung Athens weg von der Isolierung hin zur politischen Führung von Bedeutung sind.[121] So wurde nämlich die seit der Samoskonferenz neu gebildete Koalition, deren Führer Athen war, in ihrem Bestand erweitert um die ionischen Gemeinden des Festlandes, deren Interessen sich neben denen der Inselgemeinden (darunter Samos, Chios und Lesbos) mit den Interessen Athens überschnitten, erweitert. Weder Athen noch die ionischen Gemeinden kamen hierbei lediglich einer Verpflichtung nach. Genau in der Tatsache, dass jeder Koalitionspartner ein persönli-

[115] Meyer, H. D. (1963), 421.
[116] Ebd., 421.
[117] Ebd., 422.
[118] Meyer, H. D. (1963), 422.
[119] Ebd., 423.
[120] Petzold (1993), 434.
[121] Vgl. 23, 301.

ches Eigeninteresse[122] an dem Kampf gegen die Perser in das Unternehmen mit einbrachte, konstituierte sich eine „(...) Interessengemeinschaft, deren Mitglieder aufeinander angewiesen sind ... in dem Augenblick, in dem der Hellenenbund aufhörte, eine echte Interessengemeinschaft zu sein.“[123] Ein erster Schritt zu einer athenisch-ionischen Waffengemeinschaft wurde hiermit getan.[124] Diese Veränderung in der Zusammensetzung der neuen Koalition hatte zur Folge, dass es den Athenern im Frühjahr des Jahres 478 erstmalig möglich war, die Politik innerhalb des Hellenenbundes entscheidend mit zu beeinflussen. Der beste Beweis dafür ist laut H.D. Meyer der Hegemoniewechsel, welcher sich nun vollzogen hatte. Darin liege zugleich der Beweis, dass „(...) die athenische Diplomatie auf Samos einen epochalen Erfolg errungen hatte.“[125]

Möchte man also den Versuch unternehmen, ein Fazit in Bezug auf Athens politische Stellung innerhalb der Hellenensymmachie nach dem Zug gegen Sestos zu ziehen, kann man resümieren, dass sich Athens politische Stellung dadurch, dass es die Führung innerhalb dieser bereits beschriebenen Koalition übernommen hat, gefestigt, ja sogar verändert hat. In diesem militärischen Unternehmen war Athen als eine Art Wortführer an der Spitze der neuen Mitglieder (die Festlandsionier) aufgetreten und nahm zugleich die Position als militärischer Hegemon ein. Daraus ergab sich in Bezug auf Athens Beziehung zum Hellenenbund eine zweigleisige Schiene: Zum einen war Athen als festes Mitglied des Hellenenbundes seit 481 den Spartanern, welche dessen Führung bildeten, militärisch unterstellt. Zum anderen avancierte Athen durch den gemeinsamen Feldzug mit den Insel- und Festlandsgemeinden Ioniens gegen Sestos innerhalb einer Koalition, die teilweise aus Hellenenbundmitgliedern bestand, zum Führer. Somit war Athen „(...) mit zwei verschiedenen Organisationen verbunden, die sich schneiden, aber nicht decken.“[126] Aus dieser Konstellation ergab sich letzten Endes eine Herauslösung Athens aus dem Hellenenbund. Darin lag auch die Bedeutung dieses Feldzuges: Ohne Mithilfe der Spartaner bzw. Peloponnesier war die neue Koalition

---

[122] Smarczyk (1990), 441 f. geht davon aus, dass Athens Bereitschaft zur Unterstützung Kleinasiens nicht uneigennützig gewesen sein kann, zumal Athen dadurch viele Kosten und Gefahren auf sich zog und dass vielleicht war zu diesem Zeitpunkt bereits ein hegemoniales Interesse vorantreibend für die Unterstützung gewesen ist; Vgl. dazu auch Kiechle, 281 und Steinbrecher, 75 f.
[123] Meyer, H. D. (1963), 423.
[124] Kiechle, 268.
[125] Ebd., 422.
[126] Meyer, H. D. (1963), 422.

siegreich gewesen. H.D. Meyer geht soweit, dass er den Schluss zieht, plötzlich wären die Griechen in zwei Parteien[127] geteilt gewesen, die gegen die Perser kämpften: „(...) es ist, als gäbe es den Hellenenbund nicht mehr."[128] Auch könne die hohe Wirkung dieses Unternehmens und dessen Erfolges auf die innere Festigung der Koalition „(...) nicht hoch genug eingeschätzt"[129] werden. Er konstituiert, dass mit der Unternehmung gegen Sestos erstmalig ein konkretes Ziel der athenischen Politik erkennbar sei: Die Festsetzung am Hellespont, denn mit der Eroberung der Stadt im Frühjahr 478 war es den Athenern auch gelungen, sich einen Stützpunkt auf ionischem Gebiet zu sichern.[130]

2.3.3. Byzantion und Kypros

Trotz ihrer gestärkten Stellung im Frühjahr 478 waren die Athener weiterhin bereit, sich bei den Unternehmungen des Hellenenbundes unter die spartanische Führung des Pausanias unterzuordnen, als dieser dem spartanischen Beschluss, die Hellenenbund-operationen auszudehnen, folgte und die Flotte der Hellenen gegen Byzantion und Kypros führte.[131] Dieser Feldzug bedeutete die Durchsetzung eines Ziels des Hellenenbundes, wie es sich erst seit den Hilfegesuchen der Ionier, des darauffolgenden Sieges bei Mykale und der Ablehnung des Umsiedlungsplanes auf der Konferenz von Samos entwickelt hatte: Die Befreiung der Ionier bzw. allgemein der kleinasiatischen Griechen.[132]

Damit sei aber nicht gesagt, dass dieser Feldzug nicht eine bedeutsame Veränderung in Bezug auf die Kräfteverhältnisse von Athen und Sparta im Hellenenbund mit sich brachte. Entsprechend der Ausführungen von Thukydides missfiel nämlich den Hellenen, Ioniern und den „jüngst vom Großkönig Befreiten" das Auftreten des Pausanias[133], was schließlich für die Beteiligten zu deren Entscheidung beitrug, den Athenern nach der Eroberung von Byzantion die militärische Führung anzubieten.[134]

[127] Diod. 11, 37 formuliert, dass nun plötzlich die griechische Streitmacht gespalten war.
[128] Meyer, H. D. (1963), 424.
[129] Ebd., 424.
[130] Diod. 11, 37, 5; siehe auch Meyer, H. D. (1963), 424.
[131] Heuß (1963), 10; Welwei (1983), 173; Smarczyk (1990), 439.
[132] Raaflaub, 13 f.; siehe dazu auch Smarczyk (1990), 421, welcher den Spartanern mit diesem Feldzug auch ökonomische Interessen zuschreibt.
[133] Thuk. 1, 95.
[134] Neuwertung durch Balcer, J. M.: The Liberation of Ionia 478 B.C., Hist. 46 (1997), 374- 76.

Welwei schließt auch die Möglichkeit nicht aus, dass eventuell hinter dieser Entscheidung ein von Aristeides als Stratege geschickt geführter Komplott zur Übernahme der Hegemonie im Hellenenbund steckte, bei welchem dieser hinter dem Rücken des Pausanias geschickt Verhandlungen mit den Ioniern und Inselgriechen führte.[135]

2.3.4. Der Prozess der Übernahme der militärischen Führung durch Athen

Im Frühjahr des Jahres 481 führte der Hellenenbund erneut Seekrieg, hierbei wurde die Flotte durch den Spartaner Pausanias kommandiert.[136] Es war eine Unternehmung der Flotte des Hellenenbundes, eine gemischte Streitmacht, „(...) wie sie nie vorher und später zusammengekommen ist."[137] Hierbei beweist die Herkunft des Oberkommandierenden, dass sich Athen erneut bezüglich seines Anspruchs auf das Oberkommando den Spartanern unterordnete. Die Flotte führte „(...) eine Befreiungsaktion auf Kypros durch und fuhr dann weiter nach dem Bosporus, wo [dann] Byzantion erobert wurde."[138] Laut H.D. Meyer „(...) spielten sich dann [dort] die Vorgänge ab, die zur Begründung des delisch- attischen Seebundes [führten]."[139]

Die anmaßende Haltung des Pausanias leitete diese Vorgänge ein, denn sie galt als Vorwand für die Athener, um sich in die Streitigkeiten einzumischen.[140] Die Beschwerden über das Verhalten des Pausanias setzte allerdings voraus, dass man zum einen nicht Sparta mit Pausanias identifizierte, und zum anderen „(...) erwartete man offenbar eine Maßregelung des Pausanias oder die Entsendung eines anderen Feldherrn."[141]

[135] Welwei (1999), 77.
[136] Balcer (1997), 375.
[137] Thuk. 1, 94; Meyer, H. D. (1963), 425 f.
[138] Meyer, H. D. (1963), 426; Balcer (1997), 375 f.; Hornblower, Simon: The Greek world 479- 323 B.C., 3. Aufl., London 2008, 10.
[139] Meyer, H. D. (1963), 426; Als primäre Quelle für die Beratungen, die der Seebundsgründung vorangegangen sind, dient hier Thuk. 1, 95; Smarczyk, 451 stuft diese Quelle als ein „mit einiger Sicherheit ... verläßliches und realitätsnahes Zeugnis" ein, da die Angaben, die Thukydides über die Argumentation der Ionier macht, sehr ernst zu nehmen seien.
[140] Vgl. Thuk. 1, 95; auch Diodor erwähnt in Diod. 11, 44, 6, dass die übrigen Griechen den spartanischen Regenten Pausanias nicht leiden konnten.
[141] Meyer, H. D. (1963), 428.

Als Pausanias schließlich 478/77 aus Byzantion vertrieben[142] und nach Sparta zurückberufen wurde,[143] musste die unmittelbare Konsequenz aufgrund der Tatsache, dass sich das griechische Heer und die Flotte nun ohne Führung sahen, sein, dass diese „Machtlücke“ schnell geschlossen werden musste, denn die Struktur des Hellenenbundes von 481 ließ einen eindeutigen Oberkommandeur unentbehrlich werden.[144] An dieser Stellte traten nun die Athener, repräsentiert durch den Strategen des Jahres 479/78, Aristeides, auf die Bühne der Führung und übernahmen alsbald innerhalb der Hellenensymmachie die Führung zur See.[145] Im Gegensatz zu seinem Vorgänger Themistokles war es nun Aristeides gelungen, bei den Bundesgenossen des Hellenenbundes für Athen für jene rechtliche Stellung Anerkennung zu finden, welche bisher nur Sparta bekleidete.[146]

Doch wie genau lässt sich die Art und Weise der Übernahme des Flottenkommandos durch die Athener bewerten? Die Meinungen der Quellen darüber, ob die Übernahme mit Gewalt oder ohne Gewalt von Seiten der Athener erfolgt sei, divergieren: Herodot betont in seinem Bericht stark das Gewaltsame am Vorgehen[147] der Athener, womit er einen direkten Widerspruch zu dem Bericht[148] des Thukydides einnimmt, welcher davon spricht, dass die Athener die Hegemonie „übernahmen“ und jegliche Gewaltanwendung entschieden zurück weist.[149] Thukydides weiß zu berichten, dass die Athener von den Bundesmitgliedern nach der Vertreibung des Pausanias sogar darum gebeten wurden, die Hegemonie zu übernehmen.[150] Die Übernahme als solches erfolgte allerdings erst, “(...) als die Führung der Symmachie verwaist war.“[151] Auch Plutarch betont in seiner Vita des Aristeides das Nicht- Gewaltsame des Vorgangs der Hegemonieübernahme und schreibt, dass viele Führer der Griechen zu Land und zu See „(...) schon lange wünschten..., von den Spartiaten loszukommen.“[152] Werfen die

[142] Steinbrecher, M.: Der Delisch- Attische Seebund und die athenisch- spartanischen Beziehungen in der kimonischen Ära (ca. 478/ 77- 462/ 61), Berlin 1983, 49.
[143] Thuk. 1, 95; Plut. Arist. 23, 5.; Vgl. ferner Badian, 87.
[144] Heuß (1963), 10 und Meyer, H. D. (1963), 407.
[145] Diod. 11, 44, 6.
[146] Diod. 11, 47.
[147] Vgl. Petzold (1993), 436.
[148] Thuk. 1, 96, 1.
[149] Thuk. 1, 75, 2; Vgl. auch Petzold (1993), 436.
[150] Thuk. 1, 95, 1.
[151] Petzold (1993), 438; Vgl. Larsen, 182.
[152] Plut. Arist. 23, 1, Vgl. Plut. Kim. 6, 2;_siehe auch Petzold (1993), 437.

Quellen zwar ein unterschiedliches Bild auf die Art und Weise des Vorganges als solchen, so stimmen sie doch in den Grundzügen überein.

Für H. D. Meyer steht in jedem Falle fest, dass „der Hegemoniewechsel ... ein Erfolg der athenischen Politik gewesen [ist](...)“[153] und dass zu diesem Verlauf von den Athenern kaum oder gar nichts unternommen wurde, was sich wiederrum als „planvolle diplomatische Aktion“[154] erweise. Zu verdanken war dieser Verlauf also den diplomatischen Geschickt des Aristeides[155] und der Verärgerung der Bundesgenossen über das Verhalten des Pausanias. Letzteres galt den Athenern, wie bereits erwähnt, nur als Vorwand, um die Hegemonie an sich zu reißen: Offiziell sah sich Athen moralisch genötigt, gegen Pausanias vorzugehen, da es aufgrund seiner schützenden Verpflichtung den Verbündeten gegenüber deren Argumentation bedienen musste.[156]

Vor allem aber hätten laut Plutarch (Arist. 23) die drei ionischen Inseln, die auf der Konferenz von Samos in den Hellenenbund aufgenommen worden waren, Samos, Chios und Lesbos, durch ihr Herantreten an Aristeides und das Bitten bei ihm, Athen möge den Oberbefehl übernehmen, diesen Prozess besonders gefördert. So waren es die Führer des chiischen und samischen Kontingents, die „in herausfordernder Weise“ dem Pausanias den Gehorsam gekündigt und sich den Athenern angeschlossen hatten, was letztlich zur Folge hatte, dass sich die Führer anderer Kontingente ebenso verhielten.[157] Allerdings sagt Thukydides, dass „die peloponnesischen Bündner Spartas sich nicht dem athenische Oberkommando unterstellten.“[158] Waren die Athener auf der Samoskonferenz als deren Wortführer aufgetreten, so traten die Inseln nun als Wortführer für Athen auf. Dass die Inseln und die Athener hierbei nicht verabredet zusammenwirkten, lässt sich nur vermuten.[159]

Nun zeigte sich als Ergebnis des Vorganges des Hegemoniewechsels, dass Athen von seiner ionienfreundlichen Politik, die es auf Samos vertreten hatte, profitieren konnte:

---

[153] Meyer, H. D. (1963), 429, 432; Hierbei kam den Athenern ein Prinzip zugute, welches für die Entwicklung sehr bedeutsam war: Der Hegemon des Hellenenbundes wurde nämlich von seinen Mitgliedern gewählt.
[154] Ebd., 429.
[155] Petzold (1994), 22; Welwei (1999), 78; Diodor betont in Diod. 11, 44, 6 besonders, dass es das Werk und die Leistung des Aristeides gewesen sei, welcher die Ionier zum Anschluss an Athen überredet habe.
[156] Petzold (1993), 441; Thuk. 1, 95, 1/ 96, 1; siehe auch Welwei (1983), 173.
[157] Meyer, H. D. (1963), 430 f.; Petzold (1994), 499.
[158] Vgl. Thuk. 1, 95, 4 und Meyer, H. D. (1963), 431.
[159] Meyer, H. D. (1963), 430.

„(...) jetzt zeigte sich, dass der vermeintliche Kompromiß ein eindeutiger athenischer Erfolg gewesen war.“[160] Daraus ging die eindeutige Umgestaltung des Hellenenbundes hervor, was zur Folge hatte, dass eine Rückkehr der Bundesgenossen zur spartanischen Hegemonie unmöglich wurde, weil es durch diese Aktion zum endgültigen Bruch mit Sparta kam.[161] Ein weiteres Ergebnis der Vorgänge um 478 war es, dass nun, wo es zum Hegemoniewechsel gekommen war, die Inselgemeinden sehr auf Athen angewiesen waren und das, was noch 481 abgewendet worden war, nun eingetreten war: eine dauerhafte griechische Präsenz in Kleinasien war nicht mehr rückgängig zu machen, denn die Erfüllung des Schutzbedürfnisses der Ionier war Voraussetzung für deren Stimme für Athens Führung innerhalb der neuen Koalition. So fasst H. D. Meyer zusammen, dass „(...) das ...die Lage [ist], aus der heraus allein verständlich wird, unter welchen Bedingungen der delisch- attische Seebund begründet worden ist.“[162] In den kommenden Jahren sollte sich die athenische Politik in einem neuen Bund und einer neugestalteten athenischen Führungsstellung etablieren.[163]

Im Frühjahr 477 wurde der Spartaner Dorkis mit einigen weiteren Spartanern nach Byzantion geschickt mit der Aufgabe, das Amt des Pausanias als Oberbefehlshaber zu übernehmen.[164] Hierbei machten die Spartaner den Fehler, dass die davon ausgingen, dass auch ohne Einsatz größerer peloponnesischer Streitkräfte die Operation von Sparta und dem Peloponnesischen und geleitet werden könne.[165] Folglich verweigerten ionischen, athenischen und hellespontischen Truppen Dorkis den Gehorsam. Er kehrte nach Sparta zurück.[166]

Daraufhin wurden keine weiteren Versuche von Seiten Spartas unternommen, die Hegemonie im Hellenenbund zurückzufordern, künftig entsandte Sparta keine weiteren Kommandeure mit Truppen, sie wollten laut Thukydides den Rachekrieg los sein.[167] Also drängt sich die Frage auf, ob Sparta zu diesem Zeitpunkt eigentlich noch Interesse

---

[160] Ebd., 430.
[161] Ebd., 430.
[162] Ebd., 432.
[163] Meyer, H. D. (1963), 432.
[164] Balcer, J. M.: The Persian Conquest of the Greeks (545- 450 B.C.), Konstanz 1995, 306; Vgl. auch Meiggs, 39.
[165] Welwei (1983), 173.
[166] Thuk. 1, 95, 6; Meyer, H. D. (1963), 428.
[167] Petzold (1993), 438; Thuk. 1, 95 bildet einen Widerspruch zu Hdt. 8, 3, 2 und Arist. Ath. Pol. 23, 2.

an der Führung im Hellenenbund hatte. Anhand der Ausführungen von Petzold[168] könnte man auf das Ergebnis gelangen, dass Sparta durchaus gewillt war, weiterhin den Krieg gegen die Perser innerhalb des Hellenenbundes anzuführen, was auch dadurch zum Ausdruck kommt, dass Sparta nach dem Abzug von Pausanias einen neuen Kommandierenden entsandte. Verhindert wurde die spartanische Hegemonieübernahme ja durch die Verbündeten, welche Dorkis den Gehorsam verweigerten.[169]

2.3.5. Zusammenfassung: Athens politische Stellung um 478/77

Als Ergebnis des Perserkrieges stellt sich Athen als imperiale Macht heraus, die dafür den Preis bezahlt, dass ihre Politik von nun an die Flotte gebunden sein würde.[170]

Im Vergleich zu den zwei gescheiterten athenischen Übernahmeversuchen[171] von 481 und 479 hatten sich nun einige Dinge innerhalb des Bundes verändert. So war zum Zeitpunkt der Machtübernahme durch die Athener die Zusammensetzung der Streitmacht eine andere gewesen als 481: Diejenigen Streitkräfte, die seit der Konferenz auf Samos ebenfalls dem Hellenenbund angehörten, fühlten sich nicht den Spartanern, sondern den Athenern verpflichtet. Waren die von den Athenern zu Beginn des Bestehens der Hellenensymmachie unternommenen Bemühungen, an eine führende Stellung zu gelangen, an dem Misstrauen der Verbündeten Hellenen und am Einfluss Spartas, basierend auf dessen Führung im Peloponnesischen Bunde, gescheitert, so hatten sich nach dem Abfall der kleinasiatischen Griechen vom Perserreich im Jahre 479 einige Veränderungen im politischen Gefüge eingeleitet. Da Sparta nicht bereit war, dem Schutzbedürfnis der ionischen Gemeinden nachzukommen, orientierten sich diese neu und fanden in Athen, welches die Gelegenheit zur Übernahme dieser Aufgabe schließlich ergriff, ihren Patron. Offenkundig mit der Verpflichtung zum Schutz als ursprüngliche Mutterstadt begründet, verfolgte Athen gleichzeitig mit dieser

[168] Petzold (1993), 440 f.

[169] Welwei (1983), 78; Dass Sparta sich als Hegemon angesprochen fühlte, wird auch von Meyer, H. D. (1963), 428 festgestellt; Dass die erneute Hegemonieübernahme jedoch durch Sparta an den Athenern scheiterte, ist insofern fragwürdig, als doch ausdrücklich von Thukydides (Thuk. 1, 95 f.) berichtet wird, dass es die Bundesgenossen waren, die eine erneute Hegemonie Spartas verhinderten.

[170] Meyer, H. D. (1991), 497.

[171] Allerdings ist aus den Quellen nicht heraus lesbar, dass es zwei Debatten um das Oberkommando gab; Vgl. dazu Petzold (1993), 424.

Zusage das Ziel, die Hegemonie zu erringen.[172] Zudem wurde die Flotte des Bundes, welche das Hauptagitationsmittel bildete, überwiegend von Athen gestellt. Nun war es deutlich, dass die Athener mit ihrer Flotte ein derart gewaltiges Machtinstrument besaßen, dass sich ihnen sogar die Gelegenheit zum „(...) Aufbau eines eigenen, maritim orientierten Bündnissystems" bot.[173]

Viele Ereignisse hatten dazu geführt, dass es zum Bruch innerhalb des Hellenenbundes gekommen war, die so tiefgreifend waren, dass dieser letztlich handlungsunfähig wurde und als solcher, wie er 481 gegründet worden war, nicht mehr bestehe konnte. Raaflaub fasst drei bezeichnende Ereignisse zusammen, die diesen Bruch herbeiführten: „Tiefgreifende Divergenzen der Beurteilung der Notwendigkeit und Möglichkeit einer aktiven Fortführung des Krieges und die dabei anzustrebenden Ziele " seien ein entscheidender Faktor dafür gewesen, dass sich der Hellenenbund spaltete. Ein weiterer lag in der Unzufriedenheit der Verbündeten mit dem Verhalten und dem hybrisbehafteten Führungsstil des spartanischen Feldherren Pausanias, welcher sich letztlich auch dafür verantworten musste, begründet. Dem fügt Raaflaub einen dritten Faktor, unter welchem er die „(...) geschickte Propaganda und Diplomatie des athenischen Admirals Aristeides (...)" fasst, bei.[174]

Davon ausgehend zieht Welwei das Fazit, dass es so zur Gründung der neuen Symmachie unter athenischer Hegemonie als „(...) Konsequenz einer veränderten Konstellation im Hellenenbund von 481 (...)" kommen musste.[175]

Im Hinblick auf diese Vorgänge formuliert Steinbrecher die These, Athen habe aktiv auf den Abschluss eines Bündnisses mit den ionischen Gemeinden hingearbeitet, es habe demnach eine „längerfristige Konzeption"[176] bestanden.

Werfen wir zunächst einen Blick auf die Überlieferung, dann ist zunächst nicht abzustreiten, dass darin klare Worte der Geschichtsschreiber bezüglich dieser Thematik auffindbar werden: So schreibt Herodot in Hdt. 8, 3 davon, Athen habe schon 481 nach der Führungsrolle gestrebt, jedoch seien diese Ambitionen am Widerstand der Bündner gescheitert. Es hätte aber an seinem Anspruch weiterhin festgehalten und sobald

[172] Vgl. dazu auch Kiechle, 303.
[173] Welwei (1983), 173.
[174] Vgl. für beide zitierte Stellen: Raaflaub, 1.
[175] Welwei (1999), 78.
[176] Vgl. dazu Steinbrecher, 74- 75 und Petzold (1993), 422.

sich für Athen die Chance ergeben hatte, „entriss“ es Sparta die Macht. Aristoteles´ Bericht[177] entnehmen wir im Gegensatz zu Herodot lediglich die Information, dass Athen eine aktive Rolle beim Hegemoniewechsel gespielt hatte, was auch anhand der Ausführungen in Kapitel 2. 3. 4. nachweisbar und hier nicht zu bestreiten ist. Von einer weiteren langfristigen Konzeption schreibt Aristoteles nichts. Ähnliche Hinweise erhalten wir auch von Diodor und Plutarch.[178]

Steinbrecher sieht in der Stelle von Thukydides (1, 95, 1) einen Hinweis darauf, dass der Anstoß zur Gründung eines neuen Bundes von den Bündnern selbst ausgegangen sei. Zudem habe Athen schon vorher die Voraussetzungen für einen Zusammenschluss geschaffen: „Die Initiative zur Gründung der neuen Symmachie lag also letztlich bei Athen, der Hegemonialmacht selbst.“[179]

---

[177] Arist. Ath. Pol. 23, 4.

[178] Diod. 11, 44, 6; Plut. Arist. 23, 1; Thuk. 1, 95 schreibt über den Hegemoniewechsel, dass die Verbündeten eine Machtausübung von Seiten Spartas nicht mehr zugelassen haben.

[179] Steinbrecher, 76.

3. Gründungsjahre des Ersten Delisch- Attischen Seebundes

Bereits die Überschrift dieses Kapitels deutet darauf hin, dass hier nun keine Untersuchung einer größeren Zeitspanne stattfinden soll. Besonders mit dem großen Abschnitt der Organisation und des Aufbaus des Seebundes, welcher genauer auf die Interessenlage der Mitglieder, die Beiträge, Eidesformeln und den Versammlungsort eingeht, soll der Frage nach der Funktionsweise des Seebundes nachgegangen werden, nachdem in wenigen Zügen die geschichtliche Situation der Gründung besprochen wurde. Damit ist auch die Legung von entsprechenden Grundlagen bezweckt, welche für die weitere Untersuchung von großem Wert sein werden.

Der sich anschließende Untersuchungsschwerpunkt trägt seine Fragestellung auch in der Überschrift, welche die Diskussion bezüglich eines Übergewichts der Machtstellung der Athener innerhalb des Seebundes bereits in der Anfangsphase anstößt. Dem folgt die Untersuchung der Ziele des Seebundes und der Motive Athens in dieser Konstellation und ein abschließender Vergleich des Systems des Seebundes mit dem des Hellenenbundes und des Peloponnesischen Bundes. Vor allem die klare Herausarbeitung der Unterschiede dieser Bündnisse scheint an dieser Stelle angebracht.

3.1. Gründung des Seebundes

Der ursprüngliche Bundesvertrag und die konstituierende Sitzung auf Delos wurden auf den Winter 478/77 bis zum Frühjahr 477 datiert.[180] Die neue Symmachie war also bis zum Beginn der Feldzugsperiode 477 gebildet.[181]

Kiechle formuliert, Aristeides habe den Seebund „geschaffen“. Generell hätten die athenischen Staatsmänner bei der Gründung und Konsolidierung des Seebundes maßgeblichen Einfluss gehabt.[182] Er konzentriert sich hierbei vor allem auf dessen erfolgreiche Initiative bei der Gründungsversammlung,[183] auf welcher der Abschluss

---

[180] Vgl. Bengtson, 33.

[181] Welwei (1983), 173.

[182] Kiechle, 266, 277, 281: Der Philiade Kimon war 478/77 erstmalig Stratege und unterstützte Aristeides bei der Gründung des Seebundes. In der weiteren Entwicklung des Seebundes würde er eine wichtige Rolle spielen; Vgl. dazu auch Meiggs, 42.

[183] Zum Vorgang der Einberufung zu Versammlung Vgl. Meiggs, 43 und ATL III, 225.

des Bündnisses durch die Befehlshaber der einzelnen Flottenkontingente stattfand.[184] Ein ausgearbeitetes Vertragswerk oder ein schriftliches Zeugnis, eine Bundesurkunde, ist davon nicht überliefert.[185] Das Wenige, was uns über den Inhalt und Ablauf der Gründung dieser neuen Symmachie bekannt ist, erfahren wir aus den Quellen, die darüber berichten. Hierbei ist Aristoteles die einzige Quelle, welcher wir eine Datierung der Gründung des Seebundes entnehmen können.[186]

Der Seebund wurde von den Gemeinden gegründet, die bereits gemeinsam gegen Sestos gezogen waren und den Pausanias aus Byzantion vertrieben hatten. Welche Ereignisse hatten aber nun konkret das Vertrauen der Bundesgenossen in Athen so dermaßen gestärkt, dass die bereits waren mit dieser Stadt ein völlig neues Bündnis zu schließen? Steinbrecher führt in drei Punkten gezielte Maßnahmen Athens[187] an, die dieses Vertrauen der Bündner in die Großmacht gestärkt hatten: Zum einen habe Aristeides als der führende Repräsentant Athens gegenüber den Bündnern von 481 ein bewusst anderes Verhalten gezeigt als es Pausanias getan hatte.[188] Zusätzlich hatte sich der Feldzug des Pausanias wesentlich auf die Begründung des Seebundes ausgewirkt, da hierbei die gegebenen Kräftepotenziale und Interessengegensätze zwischen den Peloponnesiern und der Koalition von Athenern und Ioniern sichtbar wurden.[189]

Zum anderen sollten die finanziellen Beiträge, die künftig zu leisten waren, anhand der wirtschaftlichen Möglichkeiten der Bündner ermessen werden, was einen sehr großen Fortschritt darstellte im Vergleich zum bisherigen Verfahren des Themistokles und Pausanias.[190] Und schließlich verzichtet Athen auf eine explizite Bindung der ionischen

[184] Arist. Ath. Pol. 23, 4; 31, 280; Vgl. Larsen, 183.

[185] Die früheste erhaltene Beurkundung ist laut Heuß (1963), 11 das Psephisma über *Erythrai*; Vgl. Schaefer, H.: Die Attische Symmachie im zweiten Jahrzehnt ihres Bestehens, in: Hermes 71 (1936), 129-150, 13; Kiechle, 269; IG I^2 10; Darin ist zwar nicht die Neuaufnahme eines Bundesmitgliedes dokumentiert, dafür liefert dieses Dekret aber dennoch wichtige Informationen, denn *Erythrai* drohte abzufallen, und so wurde dieses Dekret erlassen, um die Stadt an den Seebund zu fesseln.

[186] In Arist. Ath. Pol. 23, 5 ist davon die Rede, dass die Athener und die Ionier zwei Jahre nach der Schlacht bei Salamis einen Eid geschworen hätten, „(...) daß Freund und Feind für sie gemeinsam sein sollten (...)". Wie später aufgezeigt wird, wurde diese Eidesformel im Zusammenhang mit der Gründung des Seebundes geschworen.

[187] Siehe Steinbrecher, 78.

[188] Vgl. Steinbrecher, 78 und siehe auch Diod. 11, 46, 4.

[189] Smarczyk (1990), 445.

[190] Siehe zur bisherigen Leistung der Zahlungen zur Finanzierung der Flotte seit 480: Hdt. 8, 111 ff. und Plut. Arist. 24, 1.

Symmachoi an sich durch eine Hegemonieklausel in den Verträgen.[191] Bereits an dieser Stelle zeigt die Entstehungsgeschichte des Seebundes, dass dieser ein Bündnis mit vorwiegend militärischem Charakter sein würde.[192]

3.2. Organisation und Aufbau des Seebundes

3.2.1. Gründungsmitglieder und ihre Interessenlage

Eine Liste mit den Namen der Poleis, die zu den Gründungsmitgliedern des Seebundes gehörten, ist nicht überliefert. Aufgrund der Ereignisse, die der Gründung vorausgegangen sind, lassen sich jedoch Vermutungen aufstellen, wer zu den Gründungsmitgliedern gehört haben könnte. Es ist davon auszugehen, dass die Hellespontier, die Inselpoleis *Chios*[193], *Samos, Lesbos* und *Amorgos* dazu zählten. Des Weiteren *Euboia* (außer *Karystos*), *Keos*, Tenos, *Naxos*, *Kythnos*, *Siphos*, *Mykonos*, *Iós*, *Syros*, *Delos*, *Paros*, *Lemnos*, *Imbros*, *Ikaros* und *Nisyros*, die aiolischen und ionischen Küstenstädte von *Sigeion* bis *Teichioussa* und vermutlich auch das donische *Byzantion*.[194]

Die Interessenlage der Ionier ist anhand der Quellen klar herauszulesen und insgesamt nachvollziehbar: Ihnen war mit dem Beitritt in den Seebund vor allem die Wahrung und Verwirklichung ihres Interesses an Sicherheit gegen das Perserreich sehr wichtig.[195] Steinbrecher hebt dazu vor allem vor, dass es im Bund zu einer Übereinstimmung beiderseitiger Interessen kam, wobei er als Beispiel die Rede der Mytilenaier in Olympia um 428 anführt, die laut Thuk. 3, 12, 1 unter anderem davon sprechen, dass man der Symmachie mit Athen illusionslos entgegen sah. Dies impliziert, dass anhand dieses anfänglichen Misstrauens der Mytilenaier auch der Erwartungshorizont der

---

[191] Vgl. Steinbrecher, 78: demnach haben sowohl Sparta als auch Athen bei entsprechenden Umständen die Einseitigkeit des Symmachieverhältnisses stets formal herausgestellt; Vgl. dazu zum Beispiel Thuk. 3, 70, 6.

[192] Vgl. hierzu Balcer, J. M.: Miletos (IG I².22 [I³.21]) and the Structures of Alliances, in: Schuller, W. (Hrsg.), Balcer, J. M./ Gehrke, H.- J./ Raaflaub, K. A./ u.a.: Studien zum Attischen Seebund, Konstanz 1984, 11- 30, 20.

[193] Die Chier bildeten eine Sondergruppe, da sie ohne Vertrag mit den Athenern in freier Entscheidung ihren Beitrag als Autonome innerhalb der Symmachie leisteten. Ihre Bindung an Athen unterscheidet sich von der der anderen Verbündeten also in der Intensität ihrer Bindung an Athen. Diese Stellung beschreibt Thukydides in Thuk. 7, 57, 3; Vgl. dazu auch Petzold (1994), 15 f.

[194] Welwei (1999), 79; Die Autoren von ATL III, 199- 204 gehen von 25 Mitglieder- Poleis bei der Gründung des Seebundes aus; Vgl. dazu auch Balcer (1997), 375 f.

[195] Vgl. dazu Steinbrecher, 76 und siehe Thuk. 3, 10/ 6, 76; zur mangelnden Fähigkeit der Ionier zum Selbstschutz: Hdt. 6, 13; Diod. 11, 37, 1 f.

Verbündeten abzulesen ist. Kurz: Die Verbündeten waren sich der Interessenlage der Athener durchaus bewusst, schließlich wurde der Seebund letztlich durch das persönliche Eigeninteresse der Verbündeten überhaupt zusammengehalten. [196] H.D. Meyer zieht daraus den Schluss, dass die Verbündeten trotz Kenntnis der Absichten der Athener deswegen dennoch das Bündnis mit ihnen eingingen, weil ein Bündnis mit Athen im Vergleich zu der persischen Bedrohung immer noch das „kleinere Übel" für sie bedeutete.[197] Allerdings zieht er auch die Möglichkeit in Betracht, die Bundesgenossen könnten einer Irreführung über den Zweck des Bundes unterlegen sein. Der Seebund galt als allgemeines Schutzbündnis für alle Eventualfälle, gleichzeitig schlossen aber die offiziellen Abmachungen den Perserkrieg, welcher ja offiziell nur des Schutzes der Ionier wegen weitergeführt wurde, aus. Der Kern der Irreführung bestand demnach darin, dass die Verbündeten davon ausgingen, das Schutzbündnis habe sich speziell auf den Kampf gegen die Perser gestützt und demnach sei die Dauer der Verpflichtung geklärt gewesen. Wie aber noch auszuführen sein wird, konnte die dementsprechend bei Vertragsabschluss geschworene Eidesformel völlig anders ausgelegt werden.[198]

Nun soll versucht werden, die Beweggründe der Athener, die sie zur Schließung eines solchen Bündnisses bewtogen, zu erfassen. Da die Interessenlage der Athener eng mit deren Zielen innerhalb des Seebundes zusammenhängen, letztere allerdings erst im dritten Kapitel genauer untersucht werden, erhebt die Darstellung an dieser Stelle keinen Anspruch auf Vollständigkeit. Vielmehr soll sie dazu dienen, die Interessenlage der Städte, die das Bündnis mit den Athenern schlossen, im Anschluss besser nachzuvollziehen.

Athens Interessen stimmten nämlich nur teilweise mit denen seiner Verbündeten überein, sie waren nicht genuin. Wenn es im Speziellen um Hilfe aus dem Mutterland[199] zum Schutz gegen die Persergefahr geht, welchen sich ja die Verbündeten erhofft hatten, so findet sich bei der Konstituierung des Seebundes in den Quellen keine antipersische Zielsetzung.[200] Laut Steinbrecher habe es sich bei der Delisch-

---

[196] Schuller, W.: Die Herrschaft der Athener im Ersten Attischen Seebund, Berlin 1974, 200; Steinbrecher, 77.

[197] Vgl. Steinbrecher, 78; Meyer, H. D. (1963), 414 ff. und 418 f.

[198] Meyer, H. D. (1963), 439.

[199] Welwei (1999), 78.

[200] Weder in Arist. Ath. Pol. 23,5 noch in Plut. Arist. 25, 1 werden die Perser auch nur erwähnt.

Attischen Symmachie also um ein Bündnissystem gehandelt, dessen „(...) unmittelbare historische Voraussetzung zwar die Perserkriegssituation gewesen ist, dessen vertraglich vereinbarte Zielsetzung aber unabhängig davon offen war."[201] Zusätzlich ist die Eidesformel, „den gleichen Freund und den gleichen Feind zu haben", ziemlich unbestimmt in Bezug auf ihren Zweck gefasst und so können die Aktivitäten des Seebundes gegen alle gerichtet werden, nicht nur gegen die Perser. Somit konnte diese Formel den Athenern gewissermaßen als Legitimitätsgrundlage dienen, um den Zusammenhalt des Seebundes mit militärischen Mitteln zu sichern[202] Das symbolische Versenken des Bleiklumpens im Meer, wie es u.a. von Aristoteles berichtet wird, weist auf die unbefristete Dauer der Verträge hin.[203] So bedingen sich die beiden Vertragskomponenten der offenen Zielsetzung und unbefristeten Dauer gegenseitig und geben der Auslegung und Entfaltung der Interessenlage Athens einen eigenen Spielraum, dessen Ausnutzung in den folgenden Jahren deutlich werden sollte.[204]

Smarczyk fasst in Bezug auf die Interessenlage der Bündner zusammen, dass die Symmachie auf einer „(...) Konvergenz der Interessen der zahlreichen Inselpoleis und Griechenstädte Kleinasiens auf der einen mit... [den Interessen] Athens auf der anderen Seite [basierte]."[205]

3.2.2. Phoroi und Schiffe- Die Beiträge der Mitglieder

Die Verbündeten teilten sich auf in diejenigen, die Beiträge zahlten und in diejenigen, die Schiffe stellten. Darüber, dass sich diese Fixierung darauf, wer welche Leistungen erbrachte, gleich zu Beginn der Gründung vollzogen hatte, schreibt Thukydides nichts. Kiechle vermutet, dass dieser Vorgang erst am Schluss der Entwicklung stand, bzw. dass zumindest bis zum späteren Abfall von Naxos die Bundesmitglieder auf die Stellung von Schiffen freiwillig verzichtet hätten.[206] Aus demselben Grund lehnen auch

---

[201] Steinbrecher, 86.
[202] Vgl. Arist. Ath. Pol. 23, 5; Steinbrecher, 80; Vgl. zur weiteren Interpretation der Bedeutung dieser Formel siehe Kapitel 3.2.4.
[203] Vgl. dazu Hornblower (2008), 14.
[204] Vgl. Steinbrecher, 80; Siehe auch zur weiteren Entwicklung Kapitel 4.
[205] Smarczyk (1990), 439.
[206] Kiechle, 274, 281, 249.

die Autoren der ATL die Annahme, Athen habe bei der Gründung die feste Kompetenz besessen, alleine die Höhe der Tribute festzusetzen, ab.[207]

Schuller vermutet aufgrund der Stelle in Thukydides´ Bericht (1, 96, 1), dass Athen wahrscheinlich nur entsprechend der Wünsche der Städte handelte. In der Textstelle kommt in jedem Fall klar zum Ausdruck, dass die Athener darüber bestimmten, wer Schiffe stellte und wer *Phoroi* zahlte.[208]

Diesem Bericht widerspricht teilweise der Text von Plutarch (Plut. Arist. 24,1), denn dieser schreibt, dass die Bündner selbst wünschten, dass Aristeides die Beiträge für jede Polis „(...) nach Billigkeit festgesetzt würden." Damit bezieht sich Plutarch auf die Regelungen, wie sie bereits zu Zeiten des Hellenenbundes getroffen waren, denn schon als die Spartaner noch die Führung innen hatten, war ein gewisser Beitrag erhoben wurden. Dieser war allerdings nicht, wie es nun neu war, nach der wirtschaftlichen Leistungsfähigkeit der Bündner festgesetzt. Ob die Bündner nun die Wahl hatten, Schiffe zu stellen oder *Phoroi* zu zahlen, lässt sich aufgrund dieser Quellenlage nicht mit Sicherheit sagen.

Geht man davon aus, dass die Bündner die Wahl hatten, bleibt zu untersuchen, ob die überhaupt wirtschaftlich und von der Bevölkerungszahl her dazu fähig gewesen wären, Schiffe zu stellen. Zu dieser Untersuchung sollen vor allem die Ausführungen von E. Ruschenbusch herangezogen werden, welcher den Versuch unternommen hat, rechnerisch zu überprüfen, inwiefern die vermeintlichen Gründungsmitglieder des Seebundes eigentlich dazu in der Lage waren, Schiffe zu stellen. Dafür geht er zunächst von dem benötigten Menschenpotenzial zur Bemannung einer Triere aus, welche ca. 200 Mann benötigt. Da von den 238 Staaten, die bis 431 Tribut gezahlt hatten, 86 nur maximal 133 Einwohner haben, fallen diese für die mögliche Bemannung einer Triere weg. Weitere 26 Gemeinden entfallen des Weiteren aufgrund der Tatsache, dass diese ausschließlich von Landwirtschaft leben und es den Einwohnern nicht möglich war, ihr Land für die nicht absehbare Dauer der Unternehmungen des Seebundes zurückzulassen.[209] Nach weiteren Ausführungen kommt Ruschenbusch zu dem Ergebnis[210], dass

[207] ATL III, 229, 234 ff.
[208] Vgl. Schuller (1974), 144 f.
[209] Ruschenbusch, E.: Das Machtpotenzial der Bündner im Ersten Attischen Seebund. (Überlegungen zu Thukydides 1, 99, 2), in: ZPE 53 (1983), 144-148, 144 ff.
[210] Ruschenbusch, 147 f.

letztlich nur fünf Staaten die wirtschaftlichen und demografischen Mittel aufbringen konnten, um eigene größere Flottenverbände zu unterhalten. Zu ihnen zählten *Aegina*[211], *Thasos, Samos, Chios* und *Lesbos*.

Wie bereits erwähnt war der Kreis derjenigen Mitglieder, die Schiffe stellen durften *und* konnten äußerst klein. Zu ihnen gehörten Samos, Chios, Lesbos, Naxos und Thasos.[212] Diese Gruppe zeichneten vor allem besonders gute Beziehungen zum Hegemon Athen aus. Es ist stark zu vermuten, dass diese Beziehungen ihre Wurzeln in den gemeinsamen Unternehmungen gegen Sestos im Jahre 478, noch vor Gründung des Seebundes, hatten. Ein weiterer Grund für die Auswahl auf gerade diese Gemeinden könnte aber auch darin liegen, dass sich Athen keinen Konflikt mit den Inseln erlauben konnte, den eine Verwehrung des Rechts, Schiffe zu stellen, vielleicht nach sich gezogen hätte.[213] H.D. Meyer geht davon aus, dieses Recht nicht isoliert zu betrachten sei, sondern dies mit weiteren Privilegien[214], die die Schiffe stellende Gruppe in eine Art gehobene Position gegenüber den übrigen Verbündeten brachte, verbunden ist. H.D. Meyer definiert das Recht darauf, Schiffe zu stellen, somit als eine Art Sonderrecht, welches den Poleis als besondere Belohnung für die Unterstützung der Athener bei entscheidenden Aktionen von diesen verliehen wurde.[215]

Auf das Verständnis des Begriffs *„Phoros"* sei nun einmal genauer Bezug zu nehmen, da dieser Begriff nicht als *„Tribut"* an Athen, sondern als „Ersatzleistung" oder „Beitrag" an den Seebund verstanden wurde.[216] Die Höhe der Beiträge wurde, wie bereits erwähnt, von Aristeides[217] entsprechend der wirtschaftlichen Leistungsfähigkeit des jeweiligen Bündners festgesetzt. Thukydides weiß zu berichten, dass der erste Beitrag 460 Talente betragen hat.[218] Allerdings kann aus seinem Bericht kein Überblick über die Kosten oder die Dauer der militärischen Operationen des Seebundes gewonnen

---

[211] Ob sich *Aegina* allerdings jemals mit Schiffen an den Unternehmungen des Seebundes beteiligt hat, ist unbekannt.
[212] Schaefer (1936), 133.
[213] Meyer, H. D. (1963), 443.
[214] Meyer, H. D. (1991), 499 versteht unter diesen Privilegien eine Art Belohnung, die sich in der Form äußerte dass diese Bündner zusätzlich ihre eigene Verfassung und ihren eigenen Machtbereich mit den entsprechenden Abhängigen behalten durften.
[215] Vgl. Meyer, H. D. (1963), 441 ff.
[216] Ebd., 234.
[217] Arist. Ath. Pol. 24, 1.
[218] Thuk. 1, 96, 2; siehe dazu auch Kiechle, 274.

werden.[219] Mit den Zahlungen von *Phoroi* durch die Seebundsmitglieder schuf sich Athen innerhalb der Symmachie ein finanzielles Fundament.[220] In seinen weiteren Ausführungen geht Kiechle soweit, zu sagen, Aristeides hätte vermutlich bei der Begründung des Seebundes eine Entwicklung angestrebt und eingeleitet, „(...) welche die Athener weitgehend ... zu den Waffenträgern im Seebund machte, zu deren Unterhalt die von ihnen Geschützten beizutragen hatten."[221] Dieses Bündnis hatte also vorwiegend militärischen Charakter, denn die Verbündeten leisteten Geldzahlungen, bzw. stellten Landtruppen und Kriegsschiffe unter die Führung Athens.[222]

3.2.3. Die Eidesformel

Die Eide wurden im Zusammenhang mit der Annahme von Bündnisverträgen geleistet. Aristeides leistete stellvertretend für Athen den Eid an die Bundesgenossen und diese taten das gleiche mit der zusätzlichen Verpflichtung, nicht abzufallen.[223] Die Eide waren Schwurhandlungen, die im Rahmen der als Grundlage dienenden Einzelverträge, die zwischen Athen und ionischen Gemeinden auf unbegrenzte Zeit geschlossen und zeremoniell durchgeführt wurden.[224] Sie bildeten die Basis, auf welcher der gesamte Seebund ruhte.[225]

Über den genauen Wortlaut der geleisteten Eidformel bestehen in den Quellen divergierende Ansichten. Aristoteles´ Berichtet in der „Ἀθηναίων πολιτεία", dass ein Eid mit der Formel, den *„gleichen Freund und den gleichen Feind zu haben"*, geleistet wurde und dass zur „Bekräftigung des Vertrages ein Metallklumpen im Meer versenkt wur-

---

[219] Thuk. 1, 96, 1; Welwei (1999), 81.
[220] Meyer, H. D. (1963), 438; Vgl. Welwei (1999), 175.
[221] Kiechle, 276.
[222] Schuller (1974), 142.
[223] Vgl. Arist. Ath. Pol. 23, 5; Plut. Arist. 25, 1; In Hdt. 9, 106, 4 ist die Eidesformel, die die Ionier leisteten, als sie dem Hellenenbund auf der Konferenz von Samos beitraten, überliefert. Es ist stark anzunehmen, dass zumindest der Inhalt dieser Eidesformel in den auf der Gründungsversammlung des Seebundes geschworenen mit einfließt.
[224] Bonk, P.: Offensiv- und Defensivklauseln in griechischen Symmachieverträgen (phil. Diss.), Bonn 1974, 79; In Arist. Ath. Pol. 23, 5 und in Plut. Arist. 25 ist davon die Rede, dass der Vertrag mit dem Versenken eines Metallklumpens ins Meer besiegelt wurde. Der Vertrag soll erst dann ein Ende finden, sollte der Metallklumpen eines Tages aus dem Meer wieder empor steigen. Dies bedeutete letztlich, dass die Dauer des Vertrages unbefristet war bzw. dieser auf ewige Zeit geschlossen war; Aber dieser Bund war kein „Bund aller mit allen" (Thuk. 3, 10, 2), wie seine offizielle Bezeichnung auch später zeigt: „οἱ Ἀθηναῖοι καί οἱ των Ἀθηναίων" („Die Athener und die Verbündeten der Athener"; Vgl. dazu Steinbrecher, 64); siehe auch Welwei (1983), 173; Meiggs, 45.
[225] Vgl. dazu auch Schuller (1974), 143.

de.[226] In Plutarchs Vita des Aristeides erwähnt der Historiker lediglich, dass dieser den Ioniern und die Ionier ihrerseits einen Eid geleistet hätten, dessen Bestehen auf die gleiche Weise besiegelt wurde, wie es Aristoteles erwähnt.[227] Einen genaueren Wortlaut lässt Plutarch bei seinem Bericht allerdings vermissen.

Für die weitere Untersuchung hat die Frage nach dem genauen Wortlaut der Eidesformel deshalb eine so entscheidende Bedeutung, weil der Wortlaut des Eides und die Bedeutung, die sich dahinter verbirgt, entscheidende Auswirkungen auf den weiteren Verlauf der Entwicklung der Herrschaft der Athener im Seebund nach dessen Gründung haben wird, vor allem bei der Bewertung des Vorgehens und weiteren Umgangs der Athener gegen die eigenen Bundesgenossen bei deren späteren Abfallversuchen. Also soll nach der Klärung der Glaubwürdigkeit der einzigen überlieferten Formel diese dann entsprechend dem erbrachten Ergebnis genauer untersucht und interpretiert werden, um somit im nächsten Kapitel einen brauchbaren Beitrag für die weitere Erörterung der athenischen Herrschaftsentwicklung leisten zu können.

Es stellt sich in Bezug auf den tatsächlichen Inhalt der Eidesformel die Frage, ob man der einzigen überlieferten Quelle, die deren genauen Wortlaut wieder gibt, Glauben schenken kann. R. Meiggs geht nicht davon aus, dass der Seebund auf der überlieferten Formel des Aristoteles, „denselben Freund und Feind zu haben", beruht und begründet seine Meinung damit, dass diese Formel ein Anachronismus sei.[228] Stattdessen sei es viel wahrscheinlicher, dass die Athener bei der Gründung des Seebundes die gleichen Eidesformeln verwendet haben, wie sie bei manchen Bündnern nach deren gescheiterten Abfallversuchen zur Anwendung kamen. In diesen Eidesformeln wurde von den Bündnern geschworen, nicht von den Athenern und auch nicht von deren Verbündeten abzufallen.[229] Dieser Auffassung von Meiggs widerspricht Steinbrecher in vielerlei Hinsicht und führt eine Reihe von Gegenargumenten an, welche seine Widerlegung stützen sollen. Zum einen sei die von Aristoteles überlieferte Eidesformel glaubwürdig, sodass es keinen Grund dafür gäbe, weshalb man daran zweifeln müsse. Zudem seien die historischen Bedingungen beim Abschluss der Eide nach den gescheiterten Abfallversuchen ganz andere als zu Zeiten der Konstituierung des Seebundes

[226] Arist. Ath. Pol. 23, 5.
[227] Plut. Arist. 25, 1.
[228] Meiggs, 45.
[229] Hdt. 9, 106, 4; Vgl. IG I^2 10, 23 f.; Vgl. auch Raaflaub, 9.

und die Formel, „denselben Freund und denselben Feind zu haben“ sei schon in der Vergangenheit als „konstitutiver Bestandteil von Symmachieverträgen“ verwendet worden.[230] Letztlich bestehe „zwischen der aristotelischen Eidesformel eine enge Verwandtschaft zu Formulierungen, die Thukydides gebraucht, um Symmachieverträge zu charakterisieren.“.[231] In Anbetracht der Plausibilität der Argumente Steinbrechers soll für die weitere Untersuchung davon ausgegangen werden, dass die von Aristoteles überlieferte „Freund- Feind- Formel“ tatsächlich historisch glaubwürdig ist.[232]

P. Bonk weist der Eidesformel, „denselben Freund und denselben Feind zu haben“, im Defensivfall weitgehende Bedeutungen zu. Bei seinen Ausführungen nimmt er eine Differenzierung zwischen den einzelnen Bestandteilen der Formel vor. „Den gleichen Freund“ zu haben bedeute in diesem Zusammenhang, dass Kriege der Bündnispartner untereinander verboten sind und dass die Freunde des jeweiligen Bündnispartners in die dem „(...) Verbündeten gegenüber eingegangenen Verpflichtungen miteinbezogen waren.“[233] Dass die Bündner nicht den Vertragsgegnern (also in diesem Falle wohl den Persern) Teilbeistand leisten durften und die Seite auf der sie kämpften, nicht verlassen oder gar wechseln durften, sind Inhalte, die P. Bonk dem Teil der Formel zuspricht, der sich darauf bezieht, „den gleichen Feind“ zu haben. Des Weiteren seien sowohl eine „Bundesexekution gegen abtrünnige Mitglieder“ als auch der „offensive Gegenschlag“ bündnispflichtig. Für alle genannten Bedeutungen dieser Formel betont P. Bonk, dass diese Verpflichtungen für alle Bündner galten. Anhand dieser Ausführungen lässt sich ein sehr defensiver Charakter des Seebundes ableiten.[234] Ähnlich definiert auch Bickermann die Freund- Feind- Formel als „Verpflichtung, mit dem Großkönig keinen Sonderfrieden einzugehen und Feindseligkeiten unter den Bundesmitgliedern zu beenden.“[235]

In ihr sieht Steinbrecher allerdings im Gegensatz zu Bonk prinzipiell die Möglichkeit zu einer offensiven Auslegung. Die Formel lasse zwei Merkmale von Symmachieverträgen erkennen, welche einerseits deren unbegrenzte Dauer und andererseits deren unbe-

[230] Steinbrecher bezieht sich an dieser Stelle noch genauer auf ein Beispiel eines spartanischen Symmachievertrages mit der gleichen verwendeten Formel; Vgl. auch Brunt, 157.
[231] Vgl. Steinbrecher, 54 f.
[232] Auch Welwei (1999), 78 geht davon aus, dass diese Formel tatsächlich geleistet wurde.
[233] Vgl. Bonk, 82.
[234] Bonk, 82 f.; Vgl. Bickermann, 480: Demnach trägt die Symmachie generell den Charakter eines Defensivbündnisses; Vgl. auch Larsen, 188.
[235] Petzold (1994), 12; Vgl. dazu Bonk, 63 f.

stimmte Formulierung in Bezug auf die vertraglichen Verpflichtungen der Verbündeten sind: „Beide Charakteristika zeigen, daß eine solche Symmachie ein allgemeiner, nicht spezifizierter, offener Militärpakt von unbegrenzter Dauer ist.“[236] Dies impliziert, dass jeder außerhalb der Symmachie zum Gegner werden kann, dass Athen als Hegemon also Kriege des Seebundes unterbinden kann, den Austritt von Mitgliedern untersagen und deren Teilnahme an Offensiven verlangen kann. Dadurch wird innerhalb der Formel ein gewisser Handlungsspielraum im Rahmen der faktischen Machtverhältnisse der Bündnispartner gelassen.[237] Athen hatte, um es mit den Worten von H. D. Meyer zu sagen, die Auslegung, wer Feind und wer Freund ist, monopolisiert.[238]

3.2.4. Delos als Versammlungsort und Bundesheiligtum

Bei der Konstituierung des Seebundes wurde gleich zu Beginn auf Vorschlag des Aristeides durch die erste *Syndos* der *Symmachoi* vereinbart, dass die Zusammenkünfte der Bundesversammlung, dem sog. „(Bundes-) *Synhedrion*“, auf der Insel Delos stattfinden würden und die Bundeskasse ebenfalls an diesen Tagungsort verlegt werden würde.[239] Hier wurden Entscheidungen in grundsätzlichen Einzelfragen den Seebund betreffend von allen versammelten Mitgliedern unter Vorsitz Athens getroffen. Die Versammlung tagte nicht regelmäßig, sondern nur, wenn Handlungsbedarf bestand.[240] Die Entscheidung über eine Zusammenkunft traf Athen. Nesselhauf stellt die Vermutung auf, das *Synhedrion* habe zu Beginn des Bundes eine erhebliche Rolle gespielt und wenn Schuller schreibt, dass den Bestimmungen der Bundesversammlung große Bedeutung zukam, bestätigt er damit seine Aussage.[241]

---

[236] Steinbrecher, 57.
[237] Ebd., 55; 64, 134 und Bonk, 64 f. sieht in dem großen außenpolitischen Spielraum, welchen die Freund- Feind- Formel bietet, ein größeres Risiko für die Vertragspartner und weist in dem Zusammenhang darauf hin, dass die Verbündeten ja nie wissen könnten, welche Komponenten dieser Vertragsformel gegen sie zur Anwendung kommen würden. Eine gewisse „diplomatische Unklarheit“ über die Ziele des Vertrages könnten den jeweiligen außenpolitischen Zielen von bestimmten Staaten auch dienlich sein.
[238] Meyer, H. D. (1963), 438; Schuller (1974), 143, 167; Steinbrecher, 55 weist auf die Elastizität der juristischen Freund- Feind- Formel in Bezug auf deren Auslegung hin, weil aus ihr nicht hervorgehe, „(...) welche Konsequenzen diese Verpflichtung im Einzelfall mit sich bringt.“; Auch bedeutete dies nichts anderes als die Hegemonieklausel des Peloponnesischen Bundes besagte, nur dass diese als solche im Seebund nicht explizit erwähnt wird, Vgl. dazu Welwei (1999), 79.
[239] Diod. 11, 47, 1; Thuk. 1, 96 ,2; Smarczyk (1990), 464.
[240] Vgl. Diod. 11, 70, 4; Welwei (1999), 79.
[241] Nesselhauf, Untersuchungen 1; Schuller (1974), 146 f.; Larsen, 198 f.

Es ist davon auszugehen, dass Athen mit seiner militärischen und politischen Führungsrolle auch den Vorsitz in der Bundesversammlung einnahm.[242] Welwei betrachtet das Stimmrecht der Athener als umstritten und bezieht seine Aussage auf eine Textstelle in Thuk. (3, 11,3), laut welcher sich die die Polis Mytilene später aus das „gleiche Stimmrecht" der *Symmachoi* berief. Daran werde erkennbar, dass das „(...) Votum des Vorsitzenden und Repräsentanten Athen als Einzelstimme mitgezählt wurde und die Beschlüsse nicht durch die athenische Ekklesia bestätigt zu werden brauchten."[243] Athen war zwar Hegemon im Seebund aber nicht Autokrat in der Versammlung, denn trotz seiner faktischen Dominanz kam bei den dort zu treffenden Entscheidungen jeder Polis theoretisch nur eine Stimme zu.[244]

Wie bereits zu Beginn erwähnt, war Delos nicht nur der Versammlungsort der Seebundsmitglieder, sondern auch der Ort, an welchem der Bundesschatz aufbewahrt wurde. Dieser Schatz wurde von zehn sog. *Hellenotamiai*, den „Schatzmeistern", welche allesamt aus Athen stammten, bewacht.[245] Ihrer Funktion nach waren sie eine Art Kassenbeamte, welche jedoch ohne exekutive Befugnisse waren. Deshalb waren die *Hellenotamiai* auch kein Instrument der athenischen Herrschaftsausübung.[246] Der Bundesschatz setzte sich aus überschüssigen Wehrbeiträgen (*Phoroi*) der Seebundsmitglieder und der auf dem Perserkrieg errungenen Beute zusammen.[247] Delos erhielt die „(...) privilegierte, gleichsam exterritoriale Stellung einer Bundeshauptstadt (...)" und war wegen ihrer Funktion als Tagungsort und Sitz der Bundeskasse von militärischen Verpflichtungen und Beitragszahlungen an den Seebund entbunden und starke Sanktionen drohten denjenigen, welche die Insel überfallen würden.[248]

Neben den praktisch- logischen Vorzügen, die Delos als Ort für Versammlungen und Bundesschatz mit sich brachte, reihen sich auch ideelle, symbolische und politische Gesichtspunkte ein, die an dieser Stelle genauere Beachtung finden sollen.[249] Welwei sieht vor allem in dem Apollonkult, welcher auf Delos herrschte, den Grund dafür, dass

---

[242] Schuller (1974), 146 f.: Allerdings hätten, so Schuller, die Städte zu diesem Zeitpunkt noch nicht bedingungslos die athenischen Entscheidungen hingenommen

[243] Steinbrecher, 174.

[244] Welwei (1999), 80; Nesselhauf, H.: Untersuchungen zur Geschichte der delisch- attischen Symmachie, Klio Beiheft 30, Leipzig 1933 (Neudruck Aalen 1963), 1; Vgl. dazu auch Meiggs, 47 und Larsen, 196.

[245] Thuk. 1, 96, 2; Welwei (1999), 80.

[246] Schuller (1974), 146.

[247] Thuk. 1, 96.

[248] Dies wird bereits deutlich in Hdt. 6, 97; Vgl. Smarczyk (1990), 464.

[249] Welwei (1999), 78; Meiggs, 43.

die Wahl auf diesen Ort fiel. Dieser Kult war religiöser Knotenpunkt der Kykladen und strahlte reine übergroße Anziehungskraft auf das Mutterland und Kleinasien aus.[250] Bereits kurz nach der Gründung des Seebundes wurde auf Delos ein zweiter Apollon-Tempel gebaut. Dies zeige, so Smarczyk, dass 478/77 geplant war, „(...) das Kultzentrum Delos als permanenten religiösen Mittelpunkt der Symmachie zu etablieren."[251]

3.2.5. Athens Stellung im Seebund- Ein Übergewicht?

Innerhalb des Bündnisses ist Athen Hegemon gewesen.[252] Athen hatte als Hegemonialmacht die Funktion des Hauptkriegsführenden[253] und die Aufgabe, die Politik des Bundes durchzuführen. Seine Kompetenzen umfassten neben der Festsetzung der Kriegsziele (also der Auslegung, wer Freund und wer Feind ist)[254] auch die Festlegung der Teilungsmodalitäten bei territorialen Gewinnen, wie es später bei Skyros und Eion der Fall sein sollte.[255] Dementsprechend durfte Athen auch Anspruch auf die eroberten Gebiete erheben und den beweglichen Teil der Beute verteilen. [256] Die Kriegsführung konnte sich sowohl nach außen gegen die Feinde aus Persien als auch nach innen gegen die Abfallbestrebungen der eigenen Verbündeten richten, hierbei war Athens militärische Überlegenheit letztlich die Voraussetzung für seine hegemoniale Stellung im Bündnis.[257] Dieses Vorgehen wurde den Athenern dadurch ermöglicht, dass ihre Strategen zugleich Feldherren des Bundes waren und es keine andere als eine athenische Beteiligung an der Exekutive innerhalb des Seebundes gab. Zudem stellten sie das Kriegsmaterial zur Verfügung. [258] Weitere Kompetenzen, die die Vorrangstellung Athens deutlich werden lassen, werden im Bereich der Art und der Höhe der Verpflichtungen der Verbündeten sichtbar, die von Athen festgesetzt wurden: Es verfügte über die Höhe der zu erbringenden finanziellen Leistungen der Mitglieder und verwaltete

---

[250] Thuk. 3, 104; Hdt. 6, 97; siehe auch Welwei (1983), 208.
[251] Smarczyk (1990), 465.
[252] Thuk. 1, 97, 1/ 6, 76, 3 / 6, 82, 3; Schuller (1974), 144; Nesselhauf, 1.
[253] Die Pflicht der *Symmachoi* zur Heeresfolge wurde in der Literatur laut Steinbrecher, 64 immer wieder bestritten, da „(...) die Hegemonieklausel nicht Bestandteil des Vertrages gewesen ist."
[254] Vgl. Meyer, H. D. (1963), 438.
[255] Steinbrecher, 64; Vgl. Welwei (1999), 78: So konnte Athen sein neues Machtinstrument zur Ausweitung des eigenen Einflussbereiches nutzen.
[256] Bickermann, Völkerrecht 491- 496; Vgl. auch Steinbrecher, 61 und 64; Plut. Kim. 9.
[257] Steinbrecher, 65.
[258] Schuller (1974), 144; Steinbrecher, 65; Welwei (1983), 174.

diese gemeinsam mit den Geldern, die die Unternehmungen des Seebundes einbrachten.[259]

Allerdings merkt Schuller erneut an, dass diese Kompetenzen zu Beginn der neuen Symmachie stark von den Entscheidungen der Bundesversammlung abhängig waren, denn ein Hegemon war den Entschlüssen der Bündner verpflichtet, woraus sich laut Schuller ergibt, dass Athen „(...) deswegen ständig (erfolgreich) Einfluss auf die Bundesversammlung nehmen [musste].“[260] Über tatsächliche athenische Kompetenzen sagt Thukydides nichts. [261]

Nun sei noch zu klären, welche Rechte den Verbündeten Athens innerhalb dieser hegemonialen Symmachie zustanden. Die Symmachie bedeutete in ihrer Grundform im 5. Jahrhundert, dass ein „(...) bilaterales Bündnis zwischen zwei souveränen, gleichberechtigten Partnern geschlossen wurde.“[262] Für die rechtliche Stellung der Bündnispartner bedeutete das, dass diese nach Vertragsabschluss ein Höchstmaß an außenpolitischer und innenpolitischer Selbstständigkeit bewahren würden und nicht über das nötige Maß hinaus Souveränitätseinschränkungen hinzunehmen hätten. Als „autonome Rechtssubjekte gleichen Ranges“ verpflichteten sich die Bündner also zur Einhaltung eines Vertrages solange, wie es dessen Laufzeit zuließe.[263] Steinbrecher nimmt eine Unterscheidung der Rechte der *Symmachoi* innerhalb der Hegemonialen Symmachie vor, wenn er ihnen eine innere (*Autonomia*)[264] und eine äußere (*Eleutheria*)[265] politische Handlungs-, bzw. Entscheidungsfreiheit zuspricht. Er geht davon aus, dass diese Unterscheidung vor allem in der Anfangsphase des Seebundes von entscheidender Bedeutung war und stellt sich damit gegen die ebenfalls in der Forschung[266] vertretene Auffassung „(...) von einer ursprünglich existierenden Gleichberechtigung aller Symmachiemitglieder ..., die dann später zu Untertanen Athens hinab gesunken

---

[259] Thuk. 1, 96, 1 f.
[260] Schuller (1974), 147.
[261] Ebd., 145.
[262] Bonk, 65.
[263] Ebd., 65.
[264] Ehrenberg, V.: Der Staat der Griechen, Zürich, Stuttgart 1965, 114 ff. konstatiert, dass die Forderung der Autonomia das gesamte staatliche Leben erfasste. Der Autonomiewille sei die stärkste Kraft im gesamten Griechentum gewesen und bezog sich auf das politische Selbstbestimmungsrecht. Eine vollkommene Autonomie war ein nie erreichtes Ideal, und in Zusammenhang mit Freiheit „(...) nur denkbar, wenn die Polis von jeder äußeren Macht, also auch außerstaatlicher, unabhängig war (...).“
[265] Ehrenberg 140 f., 114: *Eleutheria* wird als Gegensatz zur *Tyrannis* gesehen.
[266] Schaefer (1936), 133 geht davon aus, dass der delisch- attische Seebund auf Basis prinzipieller Gleichberechtigung geschlossen wurde.

seien." Dabei würde übersehen, dass sich diese Unabhängigkeit vom Anfang bloß auf die *Autonomia*, nicht aber auf die *Eleutheria* beziehe.[267]

Man kann von einem von Anfang an vorhandenem „Machtungleichgewicht" sprechen, weil die Mitglieder zwar formal juristisch mit Athen gleichgestellt wurden, was die geleisteten Eidesformen mit ihren gleichlautenden Eidesformeln und Verpflichtungen für beide Parteien bestätigen; jedoch herrschte in der Realität für die Mitglieder ein außenpolitisches Unterordnungs- und Abhängigkeitsverhältnis gegenüber Athen.[268] Entsprechend den im ersten Teil dieses Abschnittes aufgezeigten Ausführungen über die athenische Hegemonie im Seebund ist in Bezug auf Steinbrechers Standpunkt diesem tendenziell zuzustimmen. Zwar sprechen die gleichen Stimmanteile der Verbündeten auf der Bundesversammlung dagegen, jedoch überwiegen die Argumente, die für eine Übermacht Athens zuungunsten der Gleichberechtigung im Seebund von Anfang an sprechen, und diese Argumente finden sich in den bereits erläuterten vielschichtigen Kompetenzen und von Athen bekleideten Funktionen wieder.

Folgt man den Ausführungen von Ehrenberg, so war die ursprüngliche Organisationsform des Seebundes eine „Hegemoniale Symmachie", in welcher die Bündner angemessen und mit freiwilligen Leistungen beteiligt waren.[269] Dieser Begriff der „Hegemonialen Symmachie" wurde von Ehrenberg geprägt, welcher seine Definition eigens auf die „(...) Erscheinungen der griechischen Staatenwelt zugeschnitten [hat]." Er schreibt, dass sich eine Hegemoniale Symmachie durch „(...) den Dualismus zwischen Hegemon und Bündnern[270], durch das Fehlen eines Bundesbürgerrechts und eines kultischen Zentrums sowie durch die Tendenz [auszeichne], dass die Bundesgewalt ganz auf den Hegemon übergeht." [271] Des Weiteren zeichnet die Hegemoniale Symmachie in Bezug

[267] Steinbrecher, 63; Thuk. 1, 97 spricht ebenfalls nur von einer anfangs noch „inneren Unabhängigkeit" der Verbündeten. Laut Steinbrecher kommt diese Bezeichnung in der Übersetzung von Landmann, die für diese Arbeit herangezogen wird, nur unpräzise heraus, weshalb er für seine Argumentation eine eigene Übersetzung heranzieht.
[268] Steinbrecher, 65.
[269] Vgl. Ehrenberg, 137 ff.; Vgl. auch Schuller (1974), 200.
[270] Bickermann, 491: Die Bündner (συμμάχουί) sind insofern als „Verbündete" der Hegemonialmacht zu verstehen, als dass ihre Beziehungen zu dieser rein militärischer Art sind.
[271] Vgl. Schuller (1974), 198; Ehrenberg, 137- 139 führt diesbezüglich an, dass griechische Symmachien mit mehr als zwei Bündnispartner meistens von einem Dualismus zwischen Hegemon und *Symmachoi* geprägt sind.

auf die Bundesgenossen ebenfalls noch aus, dass sie durch ein hohes Maß an Eigeninteresse der Verbündeten zusammengehalten wurde.[272]

Allerdings ist mit diesem Begriff im Rahmen dieser Definition nicht die Gesamtheit der athenischen Herrschaft zu beschreiben, weshalb diese noch einmal differenziert zu betrachten ist: Fest steht, dass der prinzipielle Aufbau des Seebundes über die kommenden Jahre hinweg unverändert blieb, denn die Bündnisse der Städte mit Athen blieben erhalten (bzw. wurden nach Abfall erneuert und es kamen auch neue hinzu), weiterhin wurden Einzelverträge mit Athen geschlossen, wobei die Verbündeten ihre staatliche Subjektivität wahren konnten. Inwiefern die Bundesgewalt wie in der Definition „ganz auf den Hegemon übergeht", wird im folgenden Kapitel noch zu klären sein. Sicher ist, dass zum Zeitpunkt der Gründung Athen zwar Hegemon innerhalb des Seebundes war, jedoch über noch keine vollkommene Bundesgewalt verfügte, da seine Macht zu dem Zeitpunkt noch, wie bereits aufgezeigt wurde, durch die Bundesversammlung auf Delos eingeschränkt wurde. Wie sie sich in den folgenden Jahren entwickelte, wird noch aufzuzeigen sein.

3.3. Ziele des Seebundes und Motive Athens

Entsprechend der Überschrift soll nun versucht werden, mithilfe ausgewählter Textstellen aus den Primärquellen Ziele und Motive zu rekonstruieren, welche von den Athenern bzw. dem Seebund gesetzt wurden, denn diese politischen Zielsetzungen werden zwar ansatzweise in der ein oder anderen Stelle der Quellen erwähnt oder entsprechende Verweise lassen eine Vermutung darauf zu, allerdings waren diese Zielsetzungen nicht formeller Bestandteil[273] der Symmachialverträge, wodurch die folgende Untersuchung besonders nötig wird.

Thukydides[274] nennt als Motiv der Gemeinden, die sich zur delisch- attischen Symmachie zusammenschlossen, das Motiv der Rache an den Persern für das „Leid"[275],

---

[272] Schuller (1974), 200; Siehe zum Verständnis und Merkmalen von Hegemonialer Symmachie auch Ehrenberg, 137 ff.

[273] Smarczyk (1990), 435.

[274] Thuk. 1, 96, 1.: „(...) denn das Vorgehen war: Vergeltung erlittener Unbill durch Verwüstungen des königlichen Landes." Der Ort der Vergeltung wird hiermit also deutlich gemacht: Im einen Gebiet der Perser sollte Rache geübt werden. Auch wenn in dieser Übersetzung nicht explizit hervorgehoben wird, für was eigentlich Rache geübt werden sollte (die Athener hatten ihre Rache ja schon mit der Schlacht

welches diese über die Hellenen gebracht hatten. Auch sagt Thukydides, die Rache sei ein Vorwand (πρόσχημα), also sozusagen eine „propagandistische Verschleierung der eigentlichen Ziele der Vereinigung.“[276] Wenn Thukydides den „(...) von Athen bei Abschluss des Delisch- Attischen- Seebundes propagierten Perserkrieg als πρόσχημα bezeichnete ... [wollte er damit sagen, dass] einer als Vergeltung deklarierten Maßnahme eine Zielsetzung zugeschrieben wird, die nicht nur den Urheber den Unrechts zu treffen, sondern weitreichende Absichten zu verwirklichen sucht.“[277] Thukydides schiebt als den Talionsgedanken in Thuk. (1,96,1) als offizielles Kriegsziel für „(...) eine Rechtfertigung der beabsichtigten aggressiven Fortsetzung des Perserkrieges in Kleinasien (...)“ vor.[278] Somit wirkt die Erklärung der Weiterführung des Perserkrieges aufgrund des Rachemotivs ungenügend, laut Welwei konnte es einfach nicht alleine als Begründung ausreichen.[279] Im Hinblick auf die weitere Entwicklung des Seebundes und den von Thukydides bereits herausgestellten Nutzen des Rachemotivs als Vorwand ist die Tendenz zu der Ansicht nachvollziehbar, dass der Rachegedanke vor allem in der späteren Entwicklung des Seebundes noch kaum wirksam war. Athen hatte ihn gewissermaßen „(...) zur Zündung beim Start des Seebundes benutzt und kam bei dessen

---

bei Plataiai bekommen), so liegt doch die Vermutung nahe, dass nun auch im Namen der Ionier Vergeltung geübt werden sollte; Vgl. dazu auch Bellen, H.: Der Rachegedanke in der griechisch- persischen Auseinandersetzung, in: Chiron 4 (1974), 43- 67, 45 f.; Zur Thematik der Rache bei den Griechen Vgl. Gherke, H.- J.: Die Griechen und die Rache. Ein Versuch in historischer Psychologie, in: Saeculum 38 (1987), 121- 149.

[275] Darunter zählen neben den Verwüstungen in den jeweiligen Kampfgebieten auch die Verluste in Flotte und Heer während des Perserkrieges und die Verwüstungen durch die Perser in Athen. Diodor (11, 29, 3) berichtet, dass die Athener, nachdem die Perser ein zweites Mal in ihrer Polis eingefallen waren und die dortigen Tempelanlagen zerstört hatten, diese Ruinen auf lange Zeit stehen ließen als Mahnmale für nachfolgende Generationen. Eine tägliche Erinnerung an das Zerstörungswerk des Xerxes sollte dadurch garantiert und gleichzeitig das Bewusstsein zur Verpflichtung, Rache an de Persern dafür zu üben, bewahrt werden. Dieser Racheverpflichtung waren die Athener gemeinsam mit den Spartanern nach der Schlacht von Plataiai nachgekommen; Vgl. dazu Hdt. 9, 116- 120 und Bellen, 44 f.

[276] Welwei (1999), 81; Thuk. 1, 96, 1; Vgl. dazu auch Petzold (1994), 1 ff.; Kiechle, 279.

[277] Vgl. Bellen, 46 und dazu Hdt. 6, 94, 1, auf dessen Argumentation diese Interpretation aufgebaut ist.

[278] Smarczyk (1990), 437.

[279] Welwei (1999), 81; Das Vergeltungsmotiv als solches war, unabhängig davon, ob es als Vorwand oder tatsächliches Motiv diente, in jedem Fall ein allgemein anerkanntes Prinzip der Außenpolitik: Vgl. dazu vor allem Gehrke, H.- J.: Die Griechen und die Rache, 121-149; Bellen, 45 ff.: Hier konstatiert Bellen, dass das Vergeltungsmotiv auch den Großteil des Perserkrieges mitbestimmt hatte. So hatte Dareios laut Herodot (5, 105, 2) den Athenern und Eretriern Rache für deren Beteiligung an der Zerstörung von *Sardes* geschworen. Xerxes konnte zehn Jahre später Rache für *Sardes* und *Marathon* an den Athenern nehmen (Hdt. 7, 8, 3). Laut Hdt. (6, 44, 1) war die Rache für die Perser 492 und 490 nur ein Vorwand gewesen, um noch weitere griechische Städte unterwerfen zu können. Fest steht, dass die Wurzeln für das Rachemotiv weit in der griechischen Geschichte lange vor der Gründung des delisch- attischen Seebundes liegen.

flotter Fahrt ohne ihn aus."[280] Er hatte also nur als Mittel zum Zweck gedient. In Bezug auf die ursprüngliche Zielsetzung des Seebundes kommt als in der Quelle Thuk. (1, 96, 1f.) hervor, dass zur Weiterführung des Krieges gegen die Perser gewisse finanzielle und materielle Ressourcen benötigt werden, dieser Krieg mit dem äußerst starken Motiv der „Rache" begründet wird und dass dies nur die „offiziell Angekündigte, die vorgegebene, allenfalls nur vordergründige Zielsetzung ...[war]."[281]

Als weitere Quelle soll uns die Rede eines Gesandten aus Mytilene in Thukydides´ Bericht[282] dienen, welcher diese im Sommer 428 vor den Delegierten des Peloponnesischen Bundes in Olympia gehalten haben soll. Raaflaub stellt hierbei fest, dass Thukydides den Gesandten andere Aspekte betonen lässt, als in der Textstelle zuvor: Zum einen kommt in der Rede zum Ausdruck, die Zielsetzung des Seebundes hätte sich zwingend aus den vorangegangenen Ereignissen ergeben und Athen hätte „(...) eine notwendig noch zu bewältigende Aufgabe übernommen."[283] Zum anderen sagt die Rede deutlich aus, dass es der Zweck des Seebundes ursprünglich gewesen sei, die Griechen von den Persern zu befreien.

In der letzten hier näher zu untersuchenden Quelle[284] berichtet Thukydides davon, wie der Syrakusaner Hermokrates im Winter 415/14 versuchte, die Bürger von Kamarina „(...) von einem offenen Bündnis mit Athen (...)" abzubringen.[285] Hierbei wird erneut die Rache als offizieller deklarierter Grund für den Krieg gegen die Perser an erster Stelle angeführt. Raaflaub schließt anhand der an der Art der Argumentation in dieser Textstelle, dass das „(...) den Athenern und Verbündeten gemeinsame, aber durch Athens repressive Führung in der Folge als Illusion erwiesene ... wirkliche Ziel die ´Freiheit der Griechen´ gewesen ist."[286] Als dritten Punkt ließe sich dem Bericht entnehmen, dass nach Ansicht des Hermokrates die Athener von Beginn an die „Reichsbildung" angestrebt hätten.

Aufgrund seiner Ausführungen gelangt Raaflaub zu dem Ergebnis, dass Thukydides wahrscheinlich entsprechend seiner üblichen Argumentationsweise die „(...) Motivati-

[280] Bellen, 48.
[281] Raaflaub, 2.
[282] Thuk. 3, 10, 2 f.
[283] Raaflaub, 3.
[284] Thuk. 6, 76, 3 f.
[285] Raaflaub, 3.
[286] Raaflaub, 4.

on und Zielsetzung der Begründer des Seebundes bewusst auf drei Ebenen angesiedelt hat." Die erste sei die primäre, offen deklarierte Ebene der Vergeltung, ihr folgt die sekundäre, nicht offen dargelegte Ebene der Freiheit und dieser schließlich die dritte, „ständig mitgedachte" Ebene der athenischen Machtstellung.[287]

Als Fazit aus den drei untersuchten Quelltexten von Thukydides stellt Raaflaub fest, dass die herausgefilterten Äußerungen der Quellenauszüge in ihren Hauptpunkten konsistent sind: Das offizielle, deklarierte Ziel des delisch- attischen Seebundes sei der Vergeltungskrieg gegen die Perser gewesen,[288]während der tatsächliche, unbestrittene Zweck die „Befreiung oder Freiheit der Griechen" gewesen sei.[289] Aber für die Athener sei auch dieser zweite Punkt nur eine Täuschung gewesen, da sie mit dem Perserkrieg eigene machtpolitische Ziele verfolgten.[290] Smarczyk gelang zu einem ähnlichem Ergebnis, wenn er aus der Tatsache, dass die Athener durch ihre Bereitschaft zum Abschluss der Symmachieverträge offiziell bekundeten, dass auch Athen wie seine Verbündeten die Fortsetzung des Perserkrieges als „(...) primäre und permanente politische Aufgabe des Seebundes (...)" begreift, die These ableitet, Athen habe eine Zeit lang wirklich diese Zielsetzung verfolgt.[291] Daran hätten die Athener dann nach außen hin aus „Opportunitäts-, und Propagandagründen" festgehalten, als „(...) man begann, mittels des Kampfbundes auch Unternehmungen durchzuführen, die allein oder vornehmlich den Interessen Athens zugutekommen."[292]

---

[287] Ebd., 22.

[288] Als offizielles Ziel gibt auch Schuller die Bekämpfung Persiens bzw. die Weiterführung des Kampfes gegen die Perser an in Schuller (1974), 142; Meyer, Ed.: Geschichte des Altertums: Das Perserreich und die Griechen. Bis zum Vorabend des Peloponnesischen Krieges, Bd. 4 (1), Stuttgart 1944 (N.D. Darmstadt 1965), 463 schließt sich der Meinung von Bengtson an wenn er von der „völligen Verjagung der Perser aus Europa" spricht; weitere Meinungen in der Forschung zur Zielsetzung decken sich in diesem Punkt, siehe dazu noch_Bonk, 78 f; Larsen, 175 ff. und Meiggs, 47.

[289]Raaflaub, 18 kommt zu dem Ergebnis, dass vieles dafür spricht, „daß die Zielsetzung des Seebundes mit dem von Thukydides´ Rednern erwähnten Motiv der `Freiheit der Griechen´ in seiner defensiven wie offensiven Auslegung treffend wiedergegeben war."; Vgl. dazu Larsen, 188; Vgl. weiterhin auch Brunt, 149 und Petzold (1994), 8: Petzold interpretiert auf Grundlage von Brunts Ausführungen die Texte von Hedorot und Thukydides dahingehend, dass der Krieg gegen die Perser „(...) offensiv der Befreiung der ionischen und kleinasiatischen Gemeinden und defensiv dem Schutz der bereits von der Perserherrschaft Abgefallenen [diente], [er] nach außen hin ... jedoch als Rachekrieg gegen den Großkönig gerechtfertigt [wurde](...)."

[290] Raaflaub, 4; Vgl. dazu auch Bellen, 46: Demnach hätte die eigentliche Intention der Athener darin bestanden, den Bund für die hegemonialen Ziele Athens zu instrumentalisieren.

[291] Smarczyk (1990), 441; Beweise dafür findet Smarczyk u.a. in Thuk. 1, 97, 1/ 90, 1/ 3, 10, 4; Diod. 11, 60, 1- 4; Plut. Kim. 7, 1 f./ 12 f./ 14, 1.

[292] Smarczyk (1990), 441; Damit spielt Smarczyk u.a. auf die Kriegführung des Seebundes unter Führung Athens gegen einzelne Gemeinden in den ersten Jahren nach der Gründung und den Kampf gegen eigene Bundesgenossen nach Abfallversuchen an (siehe dazu auch Kapitel 4.1.).

3.4. Vergleich des Seebundes mit den bestehenden Bündnissystemen im Jahr 477 v. Chr.

Die Ansichten darüber, welchem Vorbild der delisch- attische Seebund folgte, gehen innerhalb der Forschung auseinander. Tendenziell existieren drei Meinungen:[293] Die Auffassung, dass der Hellenenbund von 481 das Vorbild für die Hellenensymmachie bildete, vertritt u.a. auch P. A. Brunt.[294] Meiggs und H.D. Meyer gehen u.a. davon aus, dass der Peloponnesische Bund als Vorbild diente.[295] Dass die Nachfolgeorganisation des Hellenenbundes dem Seebund ein Vorbild war, wird von E.D. Meyer und J.A.O Larsen gestützt.[296]

Dass der Seebund in Wirklichkeit der Helenenbund selbst ist, wie es A. Giovanni und G. Gottlieb annehmen, weiß Steinbrecher mit vielerlei Argumenten zu widerlegen und stellt somit annehmbar heraus, dass dieser Ansatz unzutreffend sein muss.[297]

Wenn auch diese letzte der drei Thesen entschieden widerlegt wurde, so ist damit immer noch nicht die Frage geklärt, ob und an welchen Vorbildern sich die Gründung des delisch- attischen Seebundes ausrichtete. Die Frage ist deswegen für die weitere Untersuchung von Bedeutung, da, sollte eine Orientierung an einem Vorbild nachweisbar sein, dadurch vielleicht auch Rückschlüsse in Bezug auf mögliche Parallelitäten im Verlauf der Entwicklung dieser Bündnissysteme geschlossen werden können, was wiederrum für die gesamte Untersuchung bedeutsam werden könnte.

Um der Antwort auf diese Frage ein Stück weit näher zu kommen, soll zunächst der Hellenenbund mit dem Seebund vergleichen werden. Eine institutionalisierte Mitgliederversammlung oder eine vergleichbare Institution war im Hellenenbund nicht vorhanden, im Seebund war es die Bundesversammlung auf Delos. Der größte Unterschied in Bezug auf die Führung innerhalb der beiden Symmachien bestand laut R. Meiggs darin, dass Athen in dem Seebund die Rolle des *„invited leader"* zukam, wäh-

---

[293] Diese werden von Steinbrecher, 66 aufgeführt und sind auch von dort entnommen.
[294] Vgl. Brunt, 135 ff.
[295] Vgl. Meiggs, 46 f.; H.D. Meyer (1963) 405 ff.; Woodhead, A. G.: The Founding Fathers of the Delian Confederacy, in: Classical Contributions, Studies in Honour of Malcom Francis McGregor, New York 1981, 179- 190, 182 konstatiert, dass die Organisation Spartas bei der Formierung des Seebundes die einzige war, die den Athenern ein anschauliches Vorbild lieferte- und dies sei noch dazu ein gutes Vorbild gewesen.
[296] Vgl. Meyer, Ed., 456 ff.; Larsen, 186 ff.
[297] Vgl. Giovanni, A./ Gottlieb, G.: Thukydides und die Anfänge der athenischen Arche, Heidelberg 1980, 44 und siehe zur Behauptung der Gleichsetzung von Hellenenbund und Seebund Steinbrecher, 67ff.

rend Sparta entsprechend der Gründungsfestlegungen des Hellenenbundes diesen als *„elected leader"* anführte.[298] H.D. Meyer beurteilt den Fortschritt (und damit hebt er zugleich den Unterschied hervor) im Seebund für Athen im Vergleich zu dessen Hegemonie im Hellenenbund, indem er zusammenfasst, dass der delisch- attische Seebund „(...) so angelegt [war], daß nach seinem Abschluß jeder Versuch zum Austritt oder zur Abänderung und Ermäßigung der Bestimmungen als Verstoß gegen die Abmachung ausgelegt werden konnte."[299] Im Bereich der Bindung der Mitglieder an den Bund, welche gegebenenfalls auch durch Gewalt geschehen konnte, bestand also der Fortschritt gegenüber dem Hellenenbund.

Parallelen zwischen Peloponnesischem Bund und Seebund findet Steinbrecher zum einen in der Vertragsformel. Diese sei nämlich identisch, wenn es da im Eid heißt, dass man schwört, „denselben Feind und denselben Freund zu haben."[300] Ein Unterschied liege allerdings in der Verwendung der Hegemonieklausel, die ein wesentlicher Bestandteil der Verträge im peloponnesischen Bund war[301]. In Bezug auf die Organisationsstruktur des Seebundes, welche primär durch eine institutionalisierte Mitgliederversammlung, die in der Anfangszeit eine gewisse Kontrolle ausübte und somit einen monopolistischen Machtmissbrauch verhinderte, gekennzeichnet ist lässt sich eine weitere Gemeinsamkeit in Bezug auf das Vorhandensein dieser Institution feststellen.[302] In Bezug auf das reale Machtverhältnis hebt Steinbrecher den Unterschied hervor, dass Athen im Vergleich zum Peloponnesischen Bund schwächere Bündner hatte, weshalb die Führungsmacht die ihr zur Verfügung stehenden Möglichkeiten anders ausschöpfen konnte, als es Sparta möglich war. Anhand der Ziele und Interessen, die Athen bei der Gründung verfolgte, werde zusätzlich deutlich, dass der peloponnesische Bund für den Seebund eine Vorbildfunktion einnahm.[303]

---

[298] Meiggs, 49; Vgl. ferner Brunt, 152.
[299] Meyer, H. D. (1963), 440.
[300] Vgl. dazu Kapitel 3.2.4.
[301] Welwei (1999), 79.
[302] Vgl. dazu auch Welwei (1983), 207.
[303] Steinbrecher, 72.

4. Beginn der Modifizierung des Seebundes (476- 462 v. Chr.)

In diesem Kapitel soll primär anhand der ersten Unternehmungen des Seebundes im ersten Jahrzehnt seines Bestehens dessen Modifizierung in Bezug auf die Herrschaftsstellung von Athen herausgearbeitet werden. Es gilt es, zu untersuchen, welche Herrschaftsmittel die Athener dazu befähigten, die Position innerhalb der Symmachie einzunehmen, die sie Ende 462 v. Chr. schließlich innehatten. Dazu werden die Züge gegen *Eion, Skyros* und *Karystos* angeführt. Diesen Darstellungen schließt sich der erste Abfallversuch eines Bündners, der Stadt Naxos, an, wobei die allgemeinen Folgen der gescheiterten Abfallversuche der Bündner im Anschluss an die Ausführungen zum Abfallversuch von Thasos in dem Mittelpunkt der Untersuchung rücken. Auch der erneute Kampf gegen die Perser in der Doppelschlacht am *Eurymedon* stellt einen wichtigen Themenschwerpunkt dar.

Zusammenfassend sollen zum Schluss die neuen Herrschaftsmittel der Athener im Seebund noch einmal geschlossen angeführt werden, um die in der Überschrift benannte Modifizierung dieser Symmachie zu betonen.

4.1. Erste Unternehmungen der neuen Kampfgemeinschaft

Entsprechend der Erwartung einer Großoffensive des persischen Königs war der delisch- attische Seebund (auch in Hinblick auf dessen offizielle Zielsetzung) in den Jahren 478/77 geschlossen wurden. Allerdings blieb diese erwartete persische Offensive aus, weshalb die Athener in Anbetracht der Tatsache, dass die Existenzgrundlage des Seebundes nach dessen Gründung nicht gegeben war, ihren Ausweg schließlich nur darin sahen, selbst zum „(...) Angriff auf das persische Gebiet überzugehen. und den Rachekrieg zu proklamieren.“[304] Offensichtlich war es genau diese Situation, die, wie Kiechle feststellt, die Entwicklung im Seebund 476/75 und in den folgenden Jahren bestimmte.

[304] Kiechle, 279 und 296.

4.1.1. Eion

Thukydides berichtet über die Eroberung von Eion[305] in seinem Bericht in Thuk. (1, 98, 1), dass die Zielsetzung dieses ersten[306] gemeinsamen Feldzuges des delisch- attischen Seebundes seit dessen Gründung die Vertreibung der Perser aus diesem Gebiet sei.[307] Nach der erfolgreichen Eroberung wurden die Einwohner von Eion versklavt und das Land wurde von den Athenern zur Sicherung des Gebiets besetzt.[308] Aufgrund seiner bedeutenden Lage neben *Doriskos* zwischen der *Chalkide* und dem *Hellespont* misst Herodot der Stadt *Eion* eine gute geografische und strategische Lage für militärische Unternehmungen zu.[309] Außerdem würde der Metall- und Holzreichtum dieser Stadt eine günstige Ausgangslage für die ökonomische Nutzung dieser Bodenschätze für die Athener bieten und durch Getreideimporte die wirtschaftliche Versorgung der Griechen garantieren. Darin sieht Steinbrecher den Grund für die Eroberung von *Eion*, wohingegen Diodor etwas ganz anderes berichtet.[310] Dieser schreibt, der Athener Kimon[311] sei als Oberbefehlshaber über die Streitkräfte des Seebundes mit diesen zum asiatischen Küstengebiet aufgebrochen, um den „(...) Verbündeten Städten zu helfen (...) " und um „(...)die noch von den persischen Besatzungen gehaltenen Plätze zu befreien."[312]

---

[305] Die Eroberung der persischen Bastion Eion wird von Welwei (1999), 83 und Steinbrecher, 37 in das Jahr 476/75 kurz nach der Gründung des Delisch- Attischen Seebundes datiert; auch auf Grundlage von Thuk. (1, 98, 1), der dieses Unternehmung ausdrücklich als erste Seebundsunternehmung kennzeichnet. Für die weitere Untersuchung soll aus diesem Grund die vorgeschlagene Datierung von Steinbrecher für die Schlacht gegen Eion angenommen werden.

[306] Vgl. Badian, 86.

[307] Vgl. dazu Petzold (1994), 4.

[308] Thuk. 1, 98, 1; Plut. Kim. 7, 3; Schuller (1974), 166 sieht in der radikalen Tötung der Einwohner, der Ansiedlung von Athenern und den rechtlichen Vereinbarungen die Antwort auf die Frage danach, wie es Athen gelingen konnte, „(...) seine eigene Macht in den Städten derart zu formalisieren." Letztlich wurde so mit den Städten, die in den kommenden Jahren erobert wurden, ebenfalls verfahren.

[309] Hdt. 7, 25.

[310] Hdt. 5, 23,2 berichtet ausführlich von dem Rohstoffreichtum dieser Gegend.; Vgl. dazu Steinbrecher, 88 f.; In Bezug auf die Tendenz in Steinbrechers Ausführungen, alle kimonischen Unternehmungen ausschließlich auf die Interessenlage Athens zu reduzieren, soll bereits hier durch Petzold (1994), 31 darauf hingewiesen werden, dass Athens Hauptaufgabe des Schutzes der kleinasiatischen Küstengebiete gegen die Perser, welchen Athen in der kimonischen Ära gründlich gewährleistet, nicht übersehen werden darf.

[311] Vgl. Domaszewski, A. v.: Die attische Politik in der Zeit der Pentekontaetie, Heidelberg 1925, 9: Kimon hatte seit dem Ostrakismos des Themistokles 470 die Staatsleitung übernommen.

[312] Diod. 60, 1.

Dass Athen ein starkes ökomische Interesse an *Eion* hatte, beweist dessen Versuch, dort eigene athenische Bürger als Neusiedler anzusiedeln.[313] Dieser scheiterte allerdings. Aufgrund der vielen Faktoren, die offensichtlich neben dem offiziellen Motiv des Kampfes gegen die Perser mit in diese Unternehmung reinspielten, leitet Steinbrecher als Ergebnis ab, dass es hierbei wohl vorrangig um die Vorteile, die Athen aus dieser Aktion gewinnen konnte, ging und die Rechtfertigung des athenischen Führungsanspruchs im Seebund machte letztlich die Propagierung dieses Sieges nötig.[314]

4.1.2. Skyros

Die Eroberung von *Skyros* fällt in das gleiche Jahr wie die von *Eion*.[315] Thukydides stellt als Gegner der Truppen des Seebundes die Dolopner dar.[316] Zu betonen sei an dieser Stelle, dass die Dolopner keine Perser waren. Was hatte Athen also für Gründe, die Seebundsgemeinschaft gegen *Skyros* in die Schlacht zu schicken? Plutarch zeigt in seinem Bericht[317] zwei Grüne für den Angriff auf. Der erste sei gewesen, dass die Aktivitäten der Dolopner, welche ebenfalls ein Seefahrervolk wie die Athener waren, den Handel im Ägäisraum bedroht hätten.[318] Ein weiterer Grund ist auf einem weit weniger praktischen Bereich angesiedelt: Es heißt, die Athener hätten auf Initiative des Orakelspruchs von Delphi gehandelt, welcher von ihnen gefordert hätte, die Gebeine des Theseus nach Athen zurück zu führen.[319] Laut Welwei kommt in der Überführung der Gebeine des Theseus der (...) Gleichklang von athenischen Identitätsbewusstsein, herrschaftslegitimierender Rückerinnerung an den sagenhaften Staatsgründer Athens und Kimons prestigeträchtiger Präsentation persönliche Erfolge noch prägnanter zum Ausdruck."[320]

---

[313] Welwei (1999), 83.

[314] Steinbrecher, 89; Welwei (1999), 83.

[315] Plut. Kim. 8, 3- 7; Steinbrecher, 39 datiert die Eroberung in das Jahr 476/75; Dem schließen sich die Autoren von ATL III, 160 an, wenn sie der Eroberung von Skyros den Zeitraum Herbst 476 oder Frühjahr 475 einräumen. Von dieser Datierung auf den Zeitraum 476/75 soll wegen ihrer Begründung auf Grundlage der Quellen für die weitere Untersuchung ausgegangen werden.

[316] Thuk. 1, 98, 2.

[317] Plut. Thes. 36, 1- 4; Kim. 8, 3- 7.

[318] Vgl. Petzold (1994), 26: Die Seebundsinteressen konnten nur mit der Vertreibung dieses Piratenvolkes vertreten werden.

[319] Plut. Kim. 8; Thes. 36; 10, 20.

[320] Plut. Kim. 8, 1; Welwei (1999), 84: Die Gebeine des Theseus hatten vor allem symbolische Bedeutung, da Theseus der Stammesheros der Ionier war. So verband Kimon Mythos, Geschichte und Gegenwart, um die Überführung der Gebeine des Theseus für sich und Athen propagandistisch nutzbar zu machen.

Steinbrecher sieht im Gegensatz zu Petzold [321] in der Eroberung von *Skyros* wieder ökonomische und machtpolitische Interessen Athens, da keine Antipersische Zielsetzung aus dieser Aktion erkennbar sei. Nach dem Sieg über *Skyros* wurde- ähnlich wie bei *Eion*- von den Athenern der Versuch unternommen, eine attische Bürgerkolonie zu gründen. Im Vergleich zu dem gescheiterten Siedlungsversuch von *Eion* gelang dieser allerdings. Außerdem vermutet Steinbrecher, dass die Athener durch die Vertreibung dieser Piratenbevölkerung sich die Getreideroute zum Schwarzen Meer sichern wollte.[322] Zusammenfassend lässt sich also erneut feststellen, dass diese Aktion überwiegend athenische Interessen bediente, obwohl sich doch auch die Mitglieder des Seebundes daran beteiligten.

4.1.3. Karystos

Der Krieg gegen sie Stadt *Karystos* fällt laut Thukydides (1, 98, 3) in die Zeit vor dem Abfall von Naxos aber nach der Eroberung von *Skyros*. Über die Datierung dieses Feldzuges bestehen innerhalb der Forschung verschiedene Meinungen. Auf Grundlage der für diese Untersuchung angenommenen Zeit der Eroberung von *Skyros* im Jahre 476, ist also davon auszugehen, dass der Zug gegen *Karytsos* in das Jahr unmittelbar danach, also 475 fällt.[323]

Steinbrecher konstatiert, dass die näheren Umstände, unter welchen *Karystos* erobert wurde, unbekannt seien.[324] Da die Quellen über die Ursachen für diesen Feldzug schweigen, können nur Vermutungen aufgestellt werden. Dass *Karystos* eventuell wegen seiner pro-medischen Gesinnung während der Perserkriege nun angegriffen wurde, ist äußerst fraglich, da es zum einen nur unter Zwang seine Haltung gewechselt hatte, dafür bereits 480 durch Geldzahlungen bestraft worden war und der zeitliche

[321] Vgl. im Gegensatz dazu Petzold (1994), 26 ff., der die Auffassung vertritt, dass aus der Überlieferung nicht eindeutig der Anlass dieses Feldzuges herausgefiltert werden kann. Er vermutet, dass die Initiative zum Zug gegen Skyros nicht bei Kimon selbst lag, sondern dass sie von den Thessaliern ausging, die ein Hilfegesuch an den Seebund richteten und letztlich viele komplexe Motive zur Eroberung von Skyros führten: „Sie lassen sich nicht auf ökonomische und machtpolitische Interessen Athens reduzieren."

[322] Steinbrecher, 90.

[323] Diese Angabe vertritt auch Steinbrecher, 40;_während sich Meyer, Ed., 463 ff. nur auf einen Zeitraum zwischen 475 und 472 bezieht; Ähnlich undeutlich verhält sich die Datierung in ATL III, 160, wo für die Eroberung von Karystos ein Zeitraum zwischen 475- 70 ohne weitere Eingrenzung bestimmt wird. Da die Quellen keine nähere Eingrenzung zulassen, soll für die weitere Untersuchung auf eine engere Fassung des Datums des Feldzuges verzichtet und nur von einem Zeitraum der Aktion entsprechend der Festlegung der Autoren von ATL ausgegangen werden.

[324] Siehe dazu Thuk. 1, 98, 3 und Steinbrecher, 91.

Abstand zu diesem Vorfall bereits mehr als 15 Jahre zurücklag.[325] So schließt Steinbrecher letztlich wieder darauf, dass hinter der Eroberung ein ökonomisches Interesse Athens lag, nicht zuletzt deswegen, weil hierbei erneut kein Krieg gegen Perser geführt wurde.[326]

Ergebnis dieses Feldzuges war es, dass *Karystos* als beitragspflichtiges Mitglied dem Seebund beitreten musste. Dies war, so Steinbrecher, für die weitere Entwicklung des Seebundes äußerst wichtig, schließlich sei hiermit zum ersten Mal eine griechische Stadt gewaltsam in die Symmachie eingegliedert worden. Dies sollte allerdings nur ein „Präzedenzfall für künftige Zwangsmitgliedschaften" sein.[327]

Sieht man sich die geografische Reihenfolge der Eroberungen des Seebundes in kürzester Zeit an, bemerkt man, das durch die Gewinnung der Stützpunkte *Byzanz-Sestos- Eion- Skyros- Karystos* eine Art Kette geschaffen wurde, deren Zweck Steinbrecher in der Sicherung der Getreideversorgung Griechenlands sieht.[328]

---

[325] Steinbrecher, 91 f.; Vgl. zur gewaltsamen Aufzwingung der promedischen Haltung während der Perserkriege: Hdt. 6, 99, 2.

[326] Vgl. Steinbrecher, 92; Seine Ansicht wird unterstützt von Schmitz, W.: Wirtschaftliche Prosperität, soziale Integration und die Seebundspolitik Athens, München 1988, 120, der ebenfalls in Karystos einen wichtigen Handelsstützpunkt für die Sicherung einer ausreichenden Holzzufuhr für den athenischen Schiffsbau sieht. Außerdem weist Schmitz darauf hin, dass dieser Stützpunkt auch Schutz vor der Gefahr, die Durchfahrt zwischen Euboia und Andros könne gesperrt werden, bietet.; Meiggs, 70 vermutet hingegen die Ursache für den Kampf gegen Karystos in dessen Vorteilen, die die Stadt aus dem Seebund zog, ohne sich allerdings aktiv daran zu beteiligen. Nach ihrer Aufnahme musste sie letztendlich auch ihren finanziellen Teil zum Seebund leisten.

[327] Steinbrecher, 91.

[328] Steinbrecher., 91.

4.2. Der Abfallversuch von Naxos

Naxos war das erste der Mitglieder des Seebundes, welches den Versuch unternahm, aus der Symmachie auszutreten. Leider ist aufgrund der mangelnden Überlieferung in den Quellen weder abzulesen, wann genau[329] dieser Austrittsversuch von Naxos war, noch welches die Ursachen oder der Anlass dafür waren. Wenn auch in Bezug auf Naxos nicht explizit auf dessen Gründe für den Abfall eingegangen wird, so fasst Thukydides doch allgemein im darauffolgenden Teil seines Berichts zusammen, dass „die Gründe zum Abfall ...mancherlei [waren], hauptsächlich rückständige Beiträge und Schiffe, in manchen Fällen auch Verweigerung der Heeresfolge."[330]

Über den eigentlichen Krieg des Seebundes gegen Naxos ist in Thukydides überliefert, dass dies eine kriegerische Auseinandersetzung innerhalb des Seebundes war, die offensichtlich nichts mit den Persern zu tun hatte.[331] Als Ergebnis aus dem Krieg geht hervor, dass Naxos bedingungslos kapitulierte und somit die erste Bundesstadt war, die „gegen die Satzungen geknechtet" wurde.[332] Die Bemerkung von Thukydides über den vermeintlichen Vertragsbuch der Athener bei deren Verhalten gegen Naxos ist bei genauerer Untersuchung zumindest auf formaler Ebene zu wiedersprechen. An dieser Stelle kam die Freund- Feind- Formel zur Anwendung, bei deren Interpretation in Bezug auf ihren Inhalt bereits deutlich gemacht wurde, dass ihre Auslegung einen größeren Interpretations-, und somit auch Handlungsspielraum offen gelassen hatte. Genau innerhalb dieses Spielraumes bewegten sich die Athener, wenn sie, wie aufgrund des weiteren Berichts von Thukydides[333] stark anzunehmen ist,[334] die Polis

[329] Aufgrund der relativen Chronologie bei Thukydides (1, 98, 4) und den Angaben bei Plutarch (Them. 25, 2) wird die Belagerung von Naxos von Welwei (1999), 85 in dem Jahr 470 oder 469/ 68 vermutet; Steinbrecher, 42 datiert das Naxos- Unternehmen auf 468; Meyer, H. D. (1991), 500 legt das Ereignis sogar auf 476, während sich die Autoren von ATL III, 160 ähnlich wie Welwei (1999) auf das Jahr 470 einigen. Aufgrund der in ATL III angeführten Begründungen für die gewählte Datierung schließt sich die weitere Untersuchung der Festlegung des Ereignisses auf das Jahr 470 an; Vgl. ferner Badian, 76.

[330] Thuk. 1, 99, 1; Es ist zwar hierbei von Gründen die Rede, allerdings ist davon auszugehen, dass rückständige Beitragsleistungen und Verweigerung der Heeresfolge eher zusätzliche Gründe für die Athener boten, die jeweiligen Städte zu belagern.

[331] Im Gegensatz dazu Meiggs, 71.

[332] Thuk. 1, 98, 4; Vgl. dazu Petzold (1994), 30; Nesselhauf, 1 deutet in Bezug auf diesen Zeitraum eine Entwicklung innerhalb des Seebundes an, laut welcher das Austreten einer Stadt aus dem Seebund ein „Abfall von Athen, nicht ... vom Bunde" bedeutete. Athen war zum Repräsentanten des Seebundes geworden.

[333] Vgl. Thuk. 101.

[334] Thuk. 1, 98, 4 erwähnt keine Sanktionen gegen Naxos nach dessen Abfallversucht; Dazu schreibt allerdings Kiechle, 281, dass Thukydides ausdrücklich hervorheben würde, dass Kimon den Naxiern ihre

Naxos durch deren Verpflichtung zur Auslieferung ihrer Flotte und künftiger Leistung von Tribut bestraften.[335]

4.3. Kleinasienfeldzug: Die Doppelschlacht am Eurymedon

Rund um die bedeutungsreiche Schlacht am *Eurymedon* existieren in der Forschung äußerst kontroverse Ansichten, da viele Fragen aufgrund der Überlieferungslage zwar diskutiert, aber nicht mit vollständiger Sicherheit beantwortet werden können. Steinbrecher gibt über diese Fragestellungen einen kurzen Abriss, in welchem er das Problem der zeitlichen Datierung[336], der strittigen historischen Voraussetzungen (War die Schlacht am *Eurymedon* der Höhepunkt des Feldzuges des Kimon?), der Beweggründe der Perser und das Problem der Auswirkungen dieser Schlacht auf die innere Entwicklung des Seebundes aufwirft. Bevor nun der Versuch unternommen werden soll, einigen dieser Frage-, bzw. Problemstellungen auf den Grund zu gehen, ist zunächst die Quellenlage zu sondieren.

Es sind drei Textstellen in den Werken von Thukydides, Diodor und Plutarch überliefert, welche über die Schlacht am *Eurymedon* berichten.[337] Wenn ersterer von der Schlacht schreibt, dann berichtet er, dass *Eurymedon* in *Pamphylien* an einem einzigen Tag in einer Feld- und Seeschlacht eingenommen wurde, die Athener und ihre Verbündeten als unter der Führung des athenischen Strategen Kimon den Sieg gegen die

---

Kriegsschiffe nahm und sie somit zwangsweise in ein tributzahlendes Mitglied verwandelte. Ein Beweis dafür ist aber aus dieser Textstelle nicht abzulesen, ihr ist lediglich zu entnehmen, dass Naxos mit Gewalt in den Seebund zurückgeführt und „geknechtet" wurde. Konkrete Hinweise auf die Sanktionen sind erst im Zusammenhang mit dem Abfall von Thasos in Thuk. 1, 101 überliefert.

[335] Vgl. Schuller (1974), 144: Athen ging von Anfang an hart gegen die Bündner vor, die ihre Verpflichtungen nicht erfüllten: „Es waren also vertragsmäßige, legale Befugnisse, die nie bestritten wurden, die Athen eben nur in unerwarteter Schärfe ausfüllte."; Meyer, H. D. (1991), 500; Domaszewski, 13: Die „Knechtung der Bündner", welche in den folgenden Jahren weiter die Politik des Seebundes bestimmen sollte, war das Werk des dynastischen Staatsoberhauptes Kimon.

[336] Entsprechend der durch Thukydides (1, 99 ff.) angegebenen Reihenfolge der Ereignisse wäre die Schlacht am Eurymeon zwischen die den Abfall von Naxos, aber vor dem Abfall von Thasos gewesen. Hier kommt ein Beispiel für die Überschneidung der Ereignisse in dem Bericht von Thukydides zum Tragen: Von Naxos und der Eurymedonschlacht wird parallel berichtet (Vgl. Badian, 76).; Aufgrund der Unzuverlässigkeit der diodorischen Chronologie kann Diod. (11, 60- 62) nicht als glaubwürdige Quellengrundlage für die Datierung angenommen werden.; Die Autoren von ATL III, 160 datieren die Schlacht am Eurymedon auf das Jahr 469. Allerdings soll aufgrund der Festlegung des Zeitraumes der Abfallbewegung von Thasos und unter Annahme der Glaubwürdigkeit der Reihenfolge dieser Ereignisse in Thuk. 1, 98- 101 und den Angaben von Badian, 100 soll für die weitere Untersuchung das Jahr 466/ 65 als Datum für die Schlacht am Eurymedon angenommen werden.

[337] Thuk. 1, 100, 1; Plut. Kim. 12- 13 (ausführlicher); Diod. 11, 60, 5 -62.

Perser errungen haben. Des Weiteren wären dabei zweihundert phönizische Trieren erobert und vernichtet worden.[338] Diodor schreibt über die Schlacht am *Eurymedon*, dass die Streitmächte der Perser, in Bezug auf das Landheer aus eigenen Männern bestehenden, bezüglich der Seemacht aus Phoinikiern, Zypern und Kilikiern bestehend, unter dem Oberbefehl des Xerxes standen. Kimon habe laut Diodor die bei Zypern stehende Perserflotte mit den Schiffen des Seebundes angegriffen und konnte so den Sieg erringen. Nachdem die Athener viele Schiffe gekapert und zerstört hatten, fuhren sie weiter unter dem Oberbefehl des athenischen Strategen Kimon zu dem Lager des persischen Landheeres, welches diese am Fluss *Eurymedon* aufgeschlagen hatten. Mit einem Überraschungsangriff, basierend auf einer zuvor gegangenen Täuschung, hätten die Streitkräfte des Seebundes schließlich die Perser besiegt.

Steinbrecher konstatiert als Ergebnis, die Doppelschlacht am *Eurymedon* hätte „(...) den Höhepunkt und zugleich den Abschluß eines Feldzuges Kimons zur kleinasiatischen Küste (...) [dargestellt].“[339] Denn seit dieser siegreichen Schlacht zeichnete sich eine Art Zweigleisigkeit in Athens Seebundspolitik ab. Einerseits erwarteten die Verbündeten, dass die Athener weitere Erfolge gegen die Perser erringen würden. Andererseits wurde das Fortbestehen des Seebundes „(...) umso eher in Frage gestellt, je mehr Erfolge gegen die Perser tatsächlich errungen wurden.“[340] In dem gleichen Maße also, wie Athen das Sicherheitsbedürfnis der Verbündeten bediente, wuchs deren Unzufriedenheit und somit auch deren Bereitschaft zum Abfall. Athen musste also im Seebund bemüht sein, dessen antipersische Aktionen nicht allzu sehr zu forcieren, da es damit seine Existenz gefährdete. Letztlich waren die sich anschließenden Abfallversuche[341] der Bündner und deren Zwangsrückführung in den Bund eine Folge der nicht deckungsgleichen Interessen der Symmachiemitglieder, wie sie bereits ausführlich in Kapitel 3. 2. 2. erörtert wurden.[342]

---

[338] Vgl. Thuk. 1, 100, 1.
[339] Steinbrecher, 105; Diese Auffassung vertritt auch Welwei (1983), 177.
[340] Steinbrecher, 103.
[341] Finley, Moses I.: Antike und moderne Demokratie, Stuttgart 1980, 48.
[342] Steinbrecher, 98- 107.

4.4. Der Abfallversuch von Thasos und die Folgen

Steinbrecher konstatiert, dass die Revolte von Thasos das letzte bedeutende Ereignis gewesen sei, welches sich bezüglich der inneren Entwicklung des Delisch- Attischen Seebundes in der kimonischen Ära vollzogen hatte. Aufgrund der zuvor dargestellten Entwicklung, die sich nach dem Sieg am *Eurymedon* angebahnt hatte, ist der Ausbruch der Thasos- Krise in das Jahr 465/64 nach dem Sieg über die Perser und das Ende der Krise in das Jahr 463/62 einzuordnen. Zudem seien die historischen Voraussetzungen dafür in den Quellen übereinstimmend bestätigt worden.[343] Im Vergleich zu den anderen Unternehmungen des Seebundes, lässt sich in Bezug auf die Thasos- Krise erstmalig ein in den Quellen angeführter Grund für an Abfall der Stadt und die sich anschließende Belagerung durch Athen herausfiltern.

Thukydides weiß zu berichten, dass dem Abfall von Thasos ein Streit um die von Athen ausgebeuteten Handelsplätze gegenüber in Thrakien und das Goldbergwerk im *Pangaion*- Gebirge vorausging.[344] Wieder waren es also widerstreitende ökonomische Interessen, die den Streitpunkt bildeten.[345] Der Quelle ist weiter zu entnehmen, dass die Seebundsstreitkräfte unter athenischer Führung in einer Seeschlacht gegen die Thasier gewannen und die Stadt schließlich nach dreijahrelanger Belagerung kapitulierte.[346] Neben diesen militärischen Operationen gegen Thasos berichtet Thukydides auch von dem offenbar missglückten Versuch der Gründung einer Kolonie durch die Besiedlung von *Enneahodoi*.[347]

Diesmal schweigt die Überlieferung auch nicht darüber, unter welchen harten Bedingungen die niedergerungene Stadt ins das Bündnis zurück gezwungen wurde. In Thuk.

---

[343] Vgl. zu dieser chronologischen Einordnung Steinbrecher, 104, 111, 16; Vgl. weiter auch Schuller (1974), 164 ; IG I^2 928 und Thuk. 4, 102, 2, die diese Einordnung bestätigen.; Aufgrund der ergänzeden Angaben von Badian, 101 wird der Zeitraum von 465/ 64 bis 463/ 62 als Datierung für die Thasos- Krise für die weitere Untersuchung angenommen wird.

[344] Thuk. 1, 100, 2

[345] Heuß, A.: Herrschaft und Freiheit im griechisch- römischen Altertum, in: Propyläen Weltgeschichte, Summa Historica, Berlin, Frankfurt/ Main, Wien 1965, 65- 128, 111; Ruschenbusch, 147 weist darauf hin , dass die eigentliche Schwierigkeit bei den abfallenden Städten darin bestand, dass sie aufgrund ihrer ganz speziellen Beschwerden (hier: u.a. Athens Ansprüche auf das Goldbergwerk) auf in einer von Meinungs- und Stimmenvielfalt beherrschten Bundesversammlung kein Gehör fanden und somit die Bundesgenossen nicht imstande waren, sich vereint gegen Athen zu wehren, was letztlich zur Folge hatte, dass sie in die Abhängigkeit von Athen gebracht wurden.

[346] Vgl. Bengtson, 38: Kapitulationsvertrag zwischen Thasos und Athen.

[347] Vgl. Thuk. 1, 100, 3: Allerdings berichtet Thukydides im gleichen Atemzug, dass diese Siedler beim edonischen *Drabeskos* von Thrakiern vertrieben worden seien.

(1, 101, 3) zählt der Historiker die Sanktionen auf, die Thasos als Bestrafung für den versuchten Abfall erwarteten: Thasos musste seine (schützenden) Mauern niederreißen, alle seine Schiffe ausliefern und so viel Geld sofort zahlen, wie es ihre Schatzung bestimmte.[348] Zukünftig würde die Stadt ebenfalls Beiträge zahlen müssen. Neben den Geldzahlungen wurde Thasos dadurch auch wirtschaftlich hart bestraft, dass es von nun an auf seine Besitzungen auf dem Festland und das Bergwerk, welche beide Streitpunkte des Konfliktes gewesen waren, verzichten musste.[349] H. Popp schließt die Möglichkeit nicht aus, dass viele Mitglieder deshalb in dem Seebund blieben, weil „(...) die Athener die Zügel so straff anzogen, daß es die Bündner vorzogen, Untergebene zu bleiben anstatt sich von Athen loszusagen und die Gefahren einer harten Bestrafung auf sich zu nehmen."[350] Somit weiß Meyer das Ergebnis des Thasos- Aufstandes als sehr positiv für Athen zu bewerten, da mit dem Ausscheiden von Thasos eine „(...) weitere Nivellierung zu Athens Gunsten [erreicht war]."[351]

In seinem weiteren Bericht[352] charakterisiert Thukydides die „(...)faktische Machtverteilung innerhalb der Symmachie in den 60-er Jahren"[353], wenn er Athens neue Stellung innerhalb der Symmachie beschreibt.

Er stellt eine Veränderung innerhalb des Seebundes in Aussicht, wenn er in „(...) betonter Weise die Zurückdrängung des Bundes durch die politische und militärische Tätigkeit Athens als Wendepunkt der Geschichte des Bundes [beschreibt]."[354] Als entscheidendes Kriterium für den Wandel, den Welwei auf Grundlage von Thuk. (1, 98, 4) in dem Vorgehen des Bundes gegen Naxos sieht, weil die „(...) Demonstration athenischer Macht fortan zentrifugale Kräfte im Seebund im Seebund auf den Plan rief (...)",[355] erkennt Thukydides die unfreiwillige Zugehörigkeit von Bündnern zu dieser

---

348 Vgl. Meyer, H. D. (1991), 500 f.: Thasos musste eine Kriegsentschädigung in festgelegten Jahresraten zahlen.

349 Thuk. 1, 101; Vgl. auch Thuk. 1, 108, 4 und Schuller (1974), 165: Als *Aigina* im Jahre 457/56 einen Abfallversuch unternahm, mussten sie schließlich nach dessen Scheitern ähnlichen Bestrafungen wie auch schon Naxos und Thasos folgen: Die Flotte ging in die Hände Athens über, die Stadt wurde zu einem tributpflichtigen Mitglied degradiert und musste die schützenden Stadtmauern niederreißen; Vgl. auch dazu Bengtson, 44.

350 Popp, H.: Zum Verhältnis Athens zu seinen Bündnern im attisch- delischen Seebund, in: Hist. 17 (1968), 425- 443, 438.

351 Meyer, H. D. (1991), 501.

352 Thuk. 1, 99, 2.

353 Steinbrecher, 95.

354 Vgl. Schuller (1974), 147; zu: Thuk. 1, 96, 2/ 97,1.

355 Thuk. 1, 99: Dieser Wandel besteht in der neuen Rolle, die Thukydides dem Herrscher Athen nun zuschreibt: Athen sei wenig beliebt als Herrscher gewesen, hätte nicht mehr gemeinsam mit den

Symmachie.[356] Athen sah sich von nun an also gezwungen, aufgrund deren Neigung, abzufallen, stärkeren Druck auf die Bündner auszuüben.

Athen war also dazu übergegangen, die attische Symmachie als eigenes Herrschaftsinstrument zu benutzen und davon könne man allerdings laut Steinbrecher „(...) dort sprechen, wo die Mitgliedschaft im Bündnis zwangsweise herbeigeführt bzw. wiederhergestellt wird, d.h. de facto mit den Fällen *Karystos* bzw. *Naxos*."[357]

4.5. Zusammenfassung: Neue Herrschaftsmittel Athens

Die Bündnispolitik der Athener in den ersten Jahren zeichnet sich wesentlich durch die geschickte Art und Weise aus, Ihre Interessen an den Seebundsunternehmungen mit dem legitimen Anliegen des Seebundes (und somit auch der Bündner) zu verknüpfen.[358] Dadurch konnten sie ein gemeinsames Bündnisinteresse herstellen und dabei ihre eigenen Ziele durchzusetzen.

Athen hatte von Anfang an eine führende Stellung als Hegemon bekleidet, jedoch trat nun mit der Verhinderung des Abfalls eines Bündners ein Charakterwandel dieses Hegemons ein: Athen begann seinen Stellungsausbau zum „allein entscheidenden politischen Faktor." Der Wandel vollzog sich vor allem darin, dass die Leistungen, die bisher von den Bündnern freiwillig an den Seebund erbracht worden waren, nun als „Tribut" an eine einzige Macht, Athen, zu entrichten waren, die alleine darüber verfügte.

Neben dem Kriegsführen *nach außen* gegen die Perser begünstigte ebenfalls der Krieg gegen die eigenen Bündner *nach innen* das Anwachsen der Flotte.[359] Die Flotte der Athener war zu deren Herrschaftsmittel geworden und auch Thukydides sieht in ihr

---

Kriegsgefährten auf einer Ebene gestanden und hätte seine Flotte auf Kosten der Mitglieder vergrößert; Vgl. Welwei (1999), 86.

[356] Steinbrecher, 95; Vgl. auch Ehrenberg, 143: Am Ende der ersten Phase der Abfallbewegungen besaßen nur noch die Inseln Samos, Chios und Lesbos innerhalb des Seebundes ihre Autonomie und das Recht, Schiffe zu stellen. Ein gemeinsames Bürgerrecht besaßen sie allerdings nach wie vor nicht.

[357] Steinbrecher, 95; Zu ergänzen ist noch Thasos, welches ja ebenfalls mit Gewalt in den Seebund zurückgeführt wurde.

[358] Kiechle, 296 f.

[359] Thuk. 1, 99 ff.

den Hauptgrund für die Unterwerfung der Bündner, welche diese allerdings durch den freiwilligen Umtausch von Schiffen in Geldzahlungen selbst gefördert hätten.[360]

Neben der Flotte verfügten die Athener nun noch über weitere Herrschaftsmittel, die im Folgenden zu erörtern sind.[361] Athen konnte nicht nur an politischer, sondern auch an territorialer und wirtschaftlicher Macht einen Gewinn verzeichnen, denn nach dem Sieg gegen Thasos hatte Athen auf Kosten eines Verbündeten Staatsland erworben. Kolonien stellten sich schon bald als Herrschaftsmittel der Athener heraus, als den ersten Eroberungen von Städten Versuche von Koloniegründungen folgten und, wenn gleich der Versuch der Ansiedlung von *Kleruchen*[362] am *Strymon* gescheitert war, schickte sich „(...) die Polis Athen ... an, im Bereich des Seebundes zu einer Territorialmacht zu werden (...)."[363]

Der wirtschaftliche Aspekt lag darin begründet, dass mit diesen territorialen Gewinnen auch der Hauptstreitpunkt, das Goldbergwerk, in Athens Besitz gelangte.[364] Letztlich verdankte Athen seiner Seeherrschaft die Sicherstellung seiner notwendigen Versorgung mit Gütern und gelangte zusätzlich in den „(...) Genuß zahlreicher wirtschaftlicher und finanzieller Vorteile (...)."[365]

Nun waren neue Erscheinungsformen aufgetreten, die zur Zeit der Gründung des Seebundes als solche noch nicht existierten: So einerseits die Bezeichnung *Symmachoi* für die Städte, „über die die Athener Gewalt haben."[366] Zur Rechtsgrundlage, den Eiden in Einzelverträgen, fügten sich nun in den Fällen, wo Athen gegen Abfallversuche der Bündner vorgegangen war, auch noch einzelne Kapitulationsverträge ein. Diese

---

360 Vgl. neben Thuk. 1, 99 auch Schuller (1974), 154: Das ursprünglich nur nach Außen verwendete Instrument der Kriegsführung hatte sich nach innen gegen die eigenen Verbündeten gewandt und das Anwachsen der athenischen Macht gefördert.

361 Vgl. dazu Bonk, 82.

362 Vgl. dazu Schmitz, 112 f.: Die *Kleruchen* verpflichteten sich in der Regel zum Hoplitendienst (die Zahl der Hopliten war durch die Gründung der *Kleruchien* stark angestiegen), konnten allerdings auch zum Flottendienst herangezogen werden; Vgl. ferner Schuller, Wolfgang: Wirkungen des Ersten Attischen Seebunds auf die Herausbildung der athenischen Demokratie, in: Schuller, W. (Hrsg.), Balcer, J. M./ Gehrke, H.- J./ Raaflaub, K. A./ u.a.: Studien zum Attischen Seebund, Konstanz 1984, 87- 98, 91.

363 Meyer, H. D. (1991), 501; Schuller (1974), 150: Die Gründung von Kolonien hatte sich als Machtmittel der Athener bis zum Ende der 60- er Jahre im Seebund etabliert und dem Verhältnis zwischen Mutterstadt und Kolonie kam die Bedeutung einer „(...) wesentlichen politischen Kammer innerhalb des Herrschaftssystems [zu]," denn dadurch konnte Einfluss auf die innerpolitischen Verhältnisses anderer Städte genommen werden.

364 Das Herrschaftsmittel, mit dessen Hilfe dieser wirtschaftliche Vorteil erreicht wurde, waren neben *Kleruchien* auch Besatzungen; Vgl. dazu Schuller (1974), 194.

365 Schmitz, 121.

366 Schuller (1974), 149; siehe dazu auch Thuk. 5, 18, 3.

wurden zu anderen Konstitutionen geschlossen als die einstigen Einzelverträge auf der Gründerversammlung. Wenn von „einstigen" Einzelverträgen die Rede ist, impliziert dies zwangsläufig, dass sich auch auf diesem Gebiet eine Änderung vollzogen hat: Die neuen Verträge brachten in ihrer neuen Erscheinungsform einseitige Verfügungen und sogenannte *leges generales* von Athen mit sich: jeder aufgrund eines fehlgeschlagenen Austrittsversuches neu geschlossene Vertrag verschob die Gewichte weiter zugunsten von Athen, da jeder abgefallene Bündner strenge Strafmaßnahmen von Seiten Athens zu erwarten hatte.[367] Zwar blieb die äußere Form der Verträge gewahrt, inhaltlich waren sie nun jedoch einseitig von einer Machtakkumulation durch Athen bestimmt.[368] Durch die Abfallversuche der Bündner, deren Scheitern und ihrer anschließenden Rückführung in den Seebund, entfaltete der Aufstieg von Athen zu einer ägäischen Großmacht eine Art Eigendynamik, die „(...) kontinuierlich die föderativen Elemente der Symmachie schwächte."[369]

All diese Prozesse und Faktoren bedingten eine neue Großmachtstellung Athens gegen Ende der 60-er Jahre, auf die sich auch ein folgenschwerer innerpolitischer Umschwung ereignete, der die Entmachtung Kimons nach sich zog.

Aufgrund der neu zum Seebund hinzugekommenen Verbündeten ist es an dieser Stelle der Untersuchung wichtig, die verschiedenen Gruppen von Bündnern in ihrem Abhängigkeitsverhältnis zur Symmachie bzw. zu Athen zu benennen. Zuerst sei die Gruppe genannt, welche die ursprünglichen Verbündeten von 478/77 und die ihnen gleichgestellten Städte bilden. Sie waren durch den Symmachievertrag mit der Freund- Feind-Formel an Athen gebunden. Die nach dem Abfall erneut in den Bund eingegliederten Städte (u.a. *Naxos, Thasos*) und die eroberten Städte (*Eion*, *Skyros*, ...) zählten zu der zweiten Gruppe der Verbündeten. Sie wurden allerdings zu anderen Bedingungen aufgenommen als die Gründungsmitglieder.[370] Die dritte bildeten später schließlich jene Städte, „(...) mit denen sich Athen durch zeitlich befristete Verträge zu militäri-

[367] Vgl. Schuller (1974), 194: Neben dem Herrschaftsmittel der Strafmaßnahmen benennt Schuller noch die Beamten, deren Aufgabenbereiche sich auch sehr erweitert hatten. Allerdings soll an dieser Stelle nicht explizit auf die einzelnen Ämter und Tätigkeiten dieser gruppe eingegangen werden, da dies den Rahmen der Untersuchung sprengen würde; Vgl. dazu auch Schuller (1974), 156- 164.

[368] Ebd., 147 ff., 152; Welwei (1999), 86: Obgleich die Vereinbarungen von 478/ 77 nie offiziell aufgehoben oder revidiert worden, so bestanden sie doch- wenn auch nur noch formell- weiter.

[369] Welwei (1999), 86.

[370] Bonk, 83.

scher Zusammenarbeit verbunden hatte“ (wie zum Beispiel *Segesta*) zu Beginn der 50-er Jahre.[371]

[371] Bickermann, 490; Vgl. IG I^2 19 und Diod. 11, 86, 2.

5. Sicherung und offizielle Konstituierung der Vormachtstellung Athens im Seebund (462- 454 v. Chr.)

Ziel dieses letzten, aber deswegen nicht minder wichtigen Teils für die Untersuchung soll es sein, anhand der vielen Ereignisse, die sich in kürzester Zeit, nämlich von 462 bis 454 ereigneten, die offizielle Sicherung und Konstituierung der Vormachtstellung Athens im Seebund aufzuzeigen.

Zu Beginn bietet es sich zunächst an, eine Übersicht über die Entwicklung der Beziehungen zwischen Athen und Sparta bis zum Jahr 461/60 zu geben, nicht zuletzt auch deswegen, weil sich die Politik und die entsprechenden Vorgänge innerhalb des Seebundes in manchen Stellen bereits mit den Interessen der Spartaner tangiert sah. In dem nun zu untersuchenden Zeitabschnitt sollte diese Beziehung immer mehr an Bedeutung gewinnen und maßgeblichen Einfluss auf die Entwicklung der Herrschaft Athens innerhalb des Seebundes bis 454 haben. In diesem Zusammenhang sollen auch einige innerpolitische Vorgänge in Athen seit 462 aufgegriffen werden, da diese auch entscheidende Impulse für dessen weitere Entwicklung innerhalb der Kampfgemeinschaft boten.

Der zweite Abschnitt beschäftigt sich mit den Vorgängen, die unter der Überschrift „Die Ägyptische Expedition und ihr Scheitern" zusammengefasst sind. Nach der Untersuchung der Ereignisse, die schließlich zur Katastrophe geführt haben, soll die Bedeutung dieser gescheiterten Seebundsunternehmung für Athens Stellung als Hegemon innerhalb des Seebundes ermittelt und ausgehend von den erhaltenen Ergebnissen der Versuch einer Klärung der Frage, warum es nach dem Scheitern der Expedition nicht zu einer Kette von Abfallversuchen innerhalb der Symmachie kam, unternommen werden.

Mit dem Ereignis der Verlegung der Bundeskasse nach Athen im Jahre 454 soll schließlich der chronologische Teil der Untersuchung dieses Kapitels enden. Hierbei rückt das eigentliche Vorgehen dieses Ereignisses vor der Fragestellung, ob die Bundeskasse nur deswegen nach Athen verlegt wurde, weil sich Athen darüber finanzieren wollte, in den Vordergrund. Die Suche nach den Gründen für die Verlegung für die Beantwortung dieser Frage wird diesen Abschnitt dominieren.

Ohne der Zusammenfassung zu viel vorweg zu greifen, soll zum Schluss im Rückblick auf die athenische Herrschaft im Seebund eingegangen und davon ausgehend ein Ausblick auf die weitere Entwicklung gegeben werden, wobei eine Sprengung des zeitlichen Rahmens der Untersuchung nicht beabsichtig ist.

5.1. Athens Beziehungen zu Sparta im Spiegel der Ereignisse seit der Gründung des Seebundes

Die Spartaner hatten keinen Grund dafür, den Seebund strikt abzulehnen, da dieser ja zum Schutz der Ostgriechen wichtig war. Also verlief die Gründung ohne tiefere Spannungen zwischen Sparta und Athen.[372] Die Beziehungen zwischen Athen und Sparta haben also nicht schon seit der Gründung des Delisch- Attischen Seebundes gelitten. So konstatiert zum Beispiel Welwei, dass in der Anfangsphase der Symmachie von Seiten der Spartaner „(...) keine zielgerichteten Aktionen gegen den Seebund unternommen [wurden].“[373] Tendenziell hätte das größere Problem für die Athener eher darin bestanden, sich und ihre Polis als Führungsmacht im Ägäisraum zu etablieren.[374] Dem Bericht von Diodor ist allerdings zu entnehmen, dass für die Athener eine militärische Intervention von Seiten Spartas in den ersten Jahren nach der Gründung des Seebundes nicht auszuschließen gewesen wäre, sie allerdings mit dem vorbereitenden Bau von Trieren nicht mehr intensiv fortgesetzt hätten, als sich diese Vermutung nicht bewahrheitete. Denn von Seiten Spartas war keine kriegerische Handlung gegen Athen beabsichtigt oder unternommen worden, obgleich sie versucht hatten, den Bau einer schützenden Mauer um Athen zu verhindern.[375] Unter der Führung Kimons entspannten sich die Beziehungen zwischen Sparta und Athen zunehmend, als dieser die militärischen Operationen des Seebundes im Ägäisbereich leitete.[376]

Im Jahre 462 richteten die Spartaner ein Hilfegesuch an Athen, da erstere im Kampf gegen aufständische Messenier Unterstützung benötigten. Kimon, der eine gut Bezie-

[372] Smarczyk (1990), 443 ff.
[373] Welwei (1999), 82; Vgl. im Gegensatz dazu Badian, 87, welcher davon spricht, dass in Sparta „(...) not all were happy to see the increasing and unchecked power of Athens´new league.“
[374] Ebd., 83.
[375] Diod. 11, 50; Vgl. auch Welwei (1983), 175.
[376] 72, 176; Vgl. auch Meiggs, 41.

hung zu Sparta als Voraussetzung für einen erfolgreichen Krieg gegen die Perser betrachtete, rückte also mit einer Streitmacht gen Sparta aus.[377]

In Abwesenheit Kimons leiteten die Reformen des Ephialtes, die u.a. eine Machtreduzierung[378] des Areopags und eine Aufwertung der Macht des Demos mit sich brachten[379], eine politische Wende in Athen ein. Währenddessen waren die athenischen Kontingente, die den Spartanern zur Hilfe geeilt waren, von diesen entlassen worden. Thukydides beschreibt, dass die Athener diese Abweisung durch die Spartaner mit großer Empörung aufnahmen und daraufhin den noch bestehenden Hellenenbund mit Sparta lösten. In Bezug auf Kimons spartafreundlichen Kurs stellt Welwei bereits an dieser Stelle in Aussicht, dass dieser auf Grundlage der Tatsache, dass die spartanische Politik unberechenbar war, „(...) auf Dauer keine Garantie für Spartas Desinteresse an einem Machtzuwachs Athens im maritimen Bereich [sein konnte].“[380] Während dieses Feldzuges, so Thukydides weiter, sei erstmals die Spannung zwischen Athen und Sparta sichtbar geworden.[381] Als Kimon nach diesem Feldzug nach Athen zurückkehrte, konnte er die Reformen des Ephialtes, die dieser in seiner Abwesenheit bewirkt hatte, nicht mehr rückgängig machen und wurde im Frühjahr des Jahres 461 ostrakisiert.[382] Mit dem Verschwinden des Kimon von der politischen Bühne verschwand auch dessen spartafreundliche Politik aus dem Seebund.

Nun steckte sich Athen neue außenpolitische Ziele und als der Friedensvertrag zwischen Sparta und *Argos* auslief, bemühte sich Athen um ein Bündnis mit letzterem und ging ebenfalls eine Allianz mit Thessalien ein. Mit der Intention des Schutzes vor spartanischen Überraschungsangriffen, welche über das megarische Gebiet hätten erfolgen können, schloss Athen um 460/61 ein Bündnis mit *Megara*, ohne allerdings dessen Beitritt in den Seebund zu fordern. In der Schließung von Allianzen mit *Megara* und *Argos* sieht Welwei letztlich die „(...) Konsequenz des Scheiterns der Spartapolitik

---

[377] Welwei (1983), 178.

[378] Die Wahl des Begriffs „Machtreduzierung“ ist an dieser Stelle sehr bewusst getroffen, da zwar dem Areopag keine politische Macht mehr zustand, weil dieser kein beschließendes Organ des Delos war. Allerdings kann man dennoch nicht von einer „Entmachtung“ des Areopags sprechen; Vgl. dazu Welwei (1999), 95.

[379] Auf die einzelnen Bestimmungen dieser Reform soll nicht weiter eingegangen werden; Vgl. dazu weiter Welwei (1999), 92 f.

[380] Welwei (1983), 178.

[381] Thuk. 1, 102.

[382] Steinbrecher, 49; Plut. Kim. 14, 3- 17, 3; Vgl. zum Prozess der Veränderung Arist. Ath. Pol. 26 ff. und Badian, 96.

Kimons."[383] All diese Bündnisse sind als defensive Absicherung gegen Sparta zu werten, was im Umkehrschluss nur bedeuten konnte, dass man davon ausging, dass Kampfhandlungen mit Sparta unmittelbar bevorstehen würden. Die Kampfhandlungen zwischen Sparta und seinen Verbündeten und dem Seebund mit Athen an der Spitze sollten in den kommenden Jahren das Geschehen in Hellas entscheidend bestimmen.

5.2. Die Ägyptische Expedition und die Folgen ihres Scheiterns

Der Beginn der Unternehmung des Seebundes, welche wir unter der Bezeichnung „Ägyptische Expedition" kennen, ist anhand der Überlieferung in den Quellen nicht eindeutig zu datieren. Thukydides ordnet sie in seinem Bericht parallel zum Feldzug des Tolmides und des Myronides[384] ein und benennt in Thuk. (1, 110) die Dauer des Feldzuges mit 6 Jahren. Die Dauer ist die einzig sicher gemachte Angabe in seinem Bericht, denn bekannter Weise ist die Chronologie[385] des Thukydides in Frage zu stellen, da der Historiker mit seiner Darstellung der Pentekontaetie eben nicht das Ziel verfolgt hatte, die Geschichte der einzelnen Jahre zu beschreiben und er aus den einzelnen Ereignissen (Ägyptische Katastrophe, Myronidesfeldzug, Perikleszug) unter bewusstem Verzicht auf jede Art von historischer Ausschmückung eben keine „(...) zusammenhängende, eine Beziehung darstellende Darstellung ... machen [wollte]."[386]

Folgt man den Ausführungen von Nesselhauf, so ist der Beginn der Ägyptischen Expedition auf das Jahr 460/ 459 und das Ende mit der Katastrophe auf 455/454 zu datieren.[387] Thukydides beschreibt den Beginn der Ägyptischen Expedition mit einem

[383] Welwei (1999), 96.
[384] Vgl. Nesselhauf, 8.
[385] Vor allem in Bezug auf die Beschreibung der Ereignisse der Ägyptischen Expedition kann man an dieser Stelle eigentlich nicht von einer Chronologie sprechen.; Badian, 79 konstatiert, dass Thukydides die Ägyptische Expedition in zwei „chronolgischen Scheiben" betrachtet, von denen die erste nur die Ereignisse des Anfangs beschreibt, während die zweite einige Jahre der Erzählung umfasst.
[386] Nesselhauf, 9.
[387] Vgl. Nesselhauf, 6, 9; Das Datum der Ägyptischen Katastrophe leitet Nesselhauf damit her, dass erstmalig im Jahre 453 Zahlungen von den Bündnern an Athen eingingen, demnach die Kasse im Jahr zuvor nach Athen verlegt worden sein muss. Und da Nesselhauf diese Verlegung der Kasse als unmittelbare Reaktion der Athener auf die Ägyptische Katastrophe sieht, musste dementsprechend auch die Katastrophe auf das Jahr 454 datiert werden.; Domaszewski, 13 schließt sich der Einordnung von Nesselhauf auf Grundlage von Plut. Kim. 13 an, wenngleich er die Niederlage der Athener auf Prosipitis in das Jahr 456 legt.; Dem widerspricht Badian, 102, welcher in seiner Chronologie die Ägyptische Katastrophe auf Ende 454 datiert.; Für die weitere Untersuchung der Ereignisse soll aufgrund der Plausibilität seiner Begründung von der Datierung laut Nesselhauf und Badian ausgegangen werden.

Hilferuf des Lybierkönigs Inaros, welcher einen Großteil der Ägypter zum Aufstand gegen die Herrschaft des persischen Königs Artaxerxes gebracht hatte und sich nun den persischen Streitkräften ausgeliefert sah. Die Athener, welche sich zu diesem Zeitpunkt auf einer Unternehmung gegen Zypern befanden, kamen mit ihrer Flotte den Nil hinauf und eroberten den Strom und das memphische Land zu zwei Dritteln. Um den letzten Teil schließlich kämpften sie gegen die dorthin geflüchteten Perser, Meder und nicht abgefallenen Ägypter.[388] Der Vorstoß gegen Memphis brachte also nur wechselnden Erfolg und band gewisse Teile der athenischen Flotte jahrelang an das ägyptische Gebiet, da auch die persischen Gegenmaßnahmen nur langsam anliefen. Als dann schließlich im Frühjahr 456 ein großes persisches Heer unter Führung des Megazybos nach Ägypten zog, konnten die Truppen des Seebundes dem nicht standhalten und mussten Memphis räumen.[389]

Die eigentliche Katastrophe ereignete sich schließlich auf der Nilinsel *Prosopitis*, auf welcher sich die Kontingente des Seebundes zurückgezogen hatten. Sie wurden dort Sommer 458 eingeschlossen[390] und nach einem Jahr und sechs Monaten der Belagerung mithilfe der, wie Thukydides berichtet, Ableitung des Wassers und das Austrocknen des Kanals durch das Landheer des Feindes vernichtet.[391] Die Hilfsflotte, die zur Ablösung der belagerten Flotte geschickt worden war, wurde bis auf wenige Schiffe vollständig vernichtet, da diese vollkommen unwissend über die Niederlage der Streitkräfte auf *Prosipitis*, in einen Hinterhalt der phönizischen Flotte und des Landheeres geriet, als sie in die Mündung von Medes einlief.[392]

Die Niederlage der Seebundeskontingente in Ägypten hatte weitreichende Folgen und zwang die Athener zu einem strategischen Umdenken, nicht zuletzt deswegen, da nun erstmals eine Niederlage des Seebundes gegen die Perser eingetreten war.[393] Die Schwächung Athens zog eine Stärkung der Perser nach sich und erhöhte gleichzeitig deren Gefahr für die Mitglieder des Seebundes, da persische Offensiven im Ägäisraum zu befürchten waren: Die Verhältnisse wurden umgekehrt und die militärische Position der Athener wurde erstmals in Frage gestellt, denn schließlich konnten sie in ihrer

[388] Thuk. 1, 104.
[389] Thuk. 1, 109; Welwei (1999), 101.
[390] Domaszewski,14.
[391] Thuk. 1, 109, 3.
[392] Thuk. 1, 109- 110; Nesselhauf, 6; Domaszewski, 14.
[393] Welwei (1999), 102.

derzeitigen Lage für ihre Verbündeten keine garantierte Schutzmacht gegen die Perser sein.[394] Daraus folgt wiederrum, dass Athen seinen Bundesgenossen „(...) keine überzeugende Rechtfertigung seines Führungsanspruches mehr... [bieten konnte]."[395]

Diese Folge der Ägyptischen Katastrophe zog weitere Ereignisse nach sich. Die Bundesmitglieder nutzten die momentane Schwächung Athens und dessen wichtigsten Kontrollmittel, der Flotte, aus um sich ihren Verpflichtungen, die u.a. die Zahlung von Beiträgen beinhalteten, zu entziehen. Vor allem die Inseln verweigerten in dieser Zeit die Einhaltung ihrer Verpflichtungen.[396] Unter diesen Umständen ist es nachvollziehbar, dass abfallbereite Bündner die Situation nutzten, um sich von ihrem Hegemon zu lösen: Es kam in den folgenden Jahren durch die Schwächung Athens zu Abfallversuchen. Diese Erhebungen konnten allerdings erfolgreich durch militärische Aktionen und politische Beamte[397] Athens bekämpft werden.[398]

Aufgrund der angeschlagenen Kraft der Flottenkontingente des Seebundes sah sich Athen gezwungen, für eine absehbare Zeit auf große Unternehmungen innerhalb des Ägäisraumes zu verzichten und den Großteil der Soldaten und Schiffe nach Athen zurück zu ziehen, da es zunächst die Lücken, die die Ägyptische Katastrophe in die Seebundsflotte gerissen hatte, schließen musste.[399] Um eine große Erosion im Seebund zu verhindern, musste Athen seine Kräfte im Seebundsraum konzentrieren und auf die Wahrung der momentanen Verhältnisse der hinarbeiten. Dass man aber von einer ernsthaften Bedrohung für die Hegemonie der Athener im Seebund nach der Ägyptischen Expedition sprechen kann, ist allerdings auch nicht anzunehmen.[400]

---

[394] Nesselhauf, 6; Vgl. Schaefer (1936), 140: Wenngleich die Perser völlig untätig blieben, dominierte dennoch die Angst vor der bloßen Möglichkeit, einer Bedrohung durch die Perser erneut ausgesetzt zu sein.

[395] Welwei (1999), 106.

[396] Nesselhauf, 10 f.

[397] Vgl. Schuller (1984), 92: Aufgrund der Kämpfe gegen die Perser, den Peloponnesischen Bund, die abfallenden Städte und Ägypten hatte sich eine neue Art des Krieges herausgebildet, welcher nun dadurch gekennzeichnet war, dass dauerhafte Kampfhandlungen zur ständig erlebten und gelebten Lebensform wurden. Als Folge darauf hatte sich allmählich athenisches Herrschaftspersonal, sog. Besatzungskommandanten, herausgebildet: Die Archonten und *Episkopoi*.

[398] Schuller (1974), 173.

[399] Thuk. 1, 112.

[400] Welwei (1999), 102.

5.3. Die Verlegung der Bundeskasse von Delos nach Athen

Die Quellen wissen von der Verlegung der Bundeskasse nach Athen zu berichten. So schreibt Plutarch (Arist. 25, 3) von dem notwendigen Schritt der Verlegung der Bundeskasse nach Athen, wobei diese tatsächlich erst nach dem Tot des Aristeides im Jahre 455/ 54[401] nach Athen gebracht wurde.[402]

In Plut. (Per. 12, 1) führt der Autor als Grund für die Verlegung der Bundeskasse die Furcht der Athener vor einem Überfall der Perser auf Delos an. Diese Furcht resultierte aus der vorigen Niederlage der Athener in Ägypten, welche ja den Seebund aufgrund der Tatsache, dass dieser bei der Katastrophe derart viele Schiffe verloren hatte, entscheidend geschwächt und dementsprechend anfälliger für persische Angriffe gemacht hatte.[403] Schuller sieht in der ernsten militärischen Lage, in der sich Athen zu dieser Zeit befand, den äußeren Grund für die Verlegung der Bundeskasse und stützt sich bei dieser Vermutung auf Plutarch, welcher die Perserfurcht als Vorwand für die Verlegung der Bundeskasse benennt.[404]

Die Tatsache, dass die Bundeskasse nach der Verlegung in Athen verblieb, also nicht wieder nach Delos zurückgeführt wurde, spricht laut Schuller dafür, dass dies keine Maßnahme für den Augenblick gewesen sei, sondern ein „(...) vorher vorbereiteter Vorgang [war]."[405] Dem schließt sich Nesselhauf[406] an, wenn er schreibt, dass zwar die Verlegung aufgrund der Gefahr eines persischen Einfalls durchaus gerechtfertigt war, allerdings das anschließende Verbleiben es Schatzes in Athen als äußeres Zeichen dafür gewertet werden kann, dass nun auch offiziell die Leitung des Seebundes auf die Athener übergegangen war, da der ideelle Mittelpunkt der Symmachie- der Bundesschat- von Delos nach Athen verschoben worden war und Smarczyk ergänzt diese Ausführungen mit der Schlussfolgerung, dass Athen nun „(...) auch auf kultischem

---

[401] Vgl. ATL III, 160.

[402] In dieser Textstelle sieht Meyer, H. D. (1963), 444 ein Anzeichen dafür, dass die Athener schon früher mit der Absicht umgingen, die Bundeskasse nach Athen zu schaffen.

[403] Vgl. dazu auch Schuller (1974), 169; Nesselhauf, 1 f.; Domaszewski, 14 setzt in seiner Chronologie der Ereignisse die Verlegung der Bundeskasse nach Athen in das Jahr 455; Meyer, H. D. (1963), 444 spricht von einer chronologischen Verwirrung der Vorgänge von 454, da genaue Datierungen nicht möglich sind.

[404] Plut. Per. 12, 1; Schuller (1974), 169; Vgl. auch Bellen, 47, der darauf hinweist, dass der „πρόσχημα" nicht nur bei der Begründung des Seebundes eine wichtige Rolle spielte, sondern auch bei der Verlegung der Bundeskasse nach Athen.

[405] Schuller (1974), 173; dem schließt sich auch Nesselhauf, 1 an.

[406] Nesselhauf, 1 f.

Gebiet die inzwischen innerhalb der Symmachie eingetretenen Gewichtsverschiebungen institutionalisieren [konnte]." [407]

Fest steht, dass Athen mit dieser Aktion volle Verfügungsgewalt über die Bundeskasse erhielt, was später vor allem von Perikles zur Finanzierung der Bautätigkeit in Athen genutzt wurde.[408] Die Verlegung der Bundeskasse nach Athen steht an einem Punkt in der Entwicklung der Herrschaft der Athener im Seebund, an welchem ein Transformationsprozess eingeleitet wurde, der Athen völlig neue Handlungsmöglichkeiten eröffnen sollte.[409]

5.4. Rückblick und Ausblick

5.4.1. Zusammenfassung: Der Seebund um 454 v. Chr.

Im Vergleich zu den bisherigen Modifizierungselementen des Seebundes hatte sich die größte Veränderung seit der Pentekontaetie innerhalb der Symmachie ergeben. Seit 462 hatte sich eine Wende innerhalb der athenischen Politik ergeben, da die Reform des Ephialtes zur Entwicklung der athenischen Demokratie beitrug. Hatten die Athener bis 462 ihre Stellung als Hegemon innerhalb der Symmachie nur allzu offensichtlich deutlich gemacht, so konnten sie diese bis 454 noch mehr festigen und ausbauen. Allerdings kamen bis zu dieser Zeit keine neuen Elemente in Bezug auf die Herrschaftsentwicklung Athens im Seebund hinzu, es wurde während der Offensiven gegen Sparta, dessen Verbündete und gegen die Perser nur weiter gefestigt, was ohnehin bekannt war. Als Hegemon musste sich Athen vor allem seines faktischen Herrschaftsmittels, der Flotte, bedienen, um seine Ansprüche gegen die, die sich der Symmachie nicht aus freien Stücken verpflichtet fühlten bzw. durch vorige Unterwerfung daran gebunden waren, geltend zu machen. Die Bedeutung der Flotte als Druckmittel zur Herrschaft trat vor allem zu dem Zeitpunkt deutlich hervor, als sie nach der Ägyptischen Katastrophe stark reduziert nach Athen zurückkehrte. Den Bündnern war diese Schwächung ihres Hegemons nicht entgangen und so verweigerten in dieser Zeit

---

[407] Smarczyk (2007), 210.
[408] Bellen, 47.
[409] Welwei (1999), 102.

vor allem diejenigen die Leistung ihrer Verpflichtungen innerhalb des Seebundes, die sich ohne den Druck durch die Flotte ohnehin längst der Symmachie entzogen hätten.

In dieser letzten entscheidenden Etappe der Veränderungen, welche sich seit den innerpolitischem Machtwechsel Athens 462 innerhalb des Delisch- Attischen- Seebundes vollzogen, sieht Schuller die zweite Phase eines Vorgangs, unter welchem er das Legen einer zweiten Schicht über die erhalten gebliebene ursprüngliche Organisationsform der Symmachie versteht.[410] Die erste Phase der Schicht charakterisiert Schuller als Phase der faktischen Herrschaftsmittel (wie z. Bsp. Flott, Kolonien, Besatzungen etc.) in den Jahren nach der Gründung des Bundes bis 462. Ab dem Ende dieser Zeit sieht er den Beginn der zweiten Phase, welche letztlich die Elemente der ersten Phase übernimmt und weiterentwickelt und somit die Entstehung einer ganz neuen Form der Herrschaft der Athener, die Entwicklung einer rationalen politischen Ordnung, herleitet. Letztlich seien es die Vorgänge von der Gründung der delisch- attischen Symmachie und die Summe der Entwicklung innerhalb der ersten und zweiten Phase, die zu einer Einheit führte, welche „(...) zusammen mit der ursprünglichen Organisationsform das Ganze der athenischen Herrschaft ausmacht."[411]

5.4.2. Ausblick: Die weitere Modifizierung des Seebundes

Erstmalig wurden in den Jahren 454/53 Tributlisten aufgestellt, in denen – wie der Name schon sagt- die von den Bündnern an Athen zu leistenden Tribute festgesetzt wurden. Also leisteten die Bündner ab dieser Zeit den *Phoros* nach Athen.[412] Dies leitete jene Neuordnung des Bundes ein, deren Grundelemente im Folgenden kurz zu skizzieren sind.

Seit Mitte der 50-er Jahre sollten auf Athen viele Aufgaben zukommen, die es als Hegemon zu bewältigen hatte. So musste von Athen aus die Seebundspolitik als Herrschaftsgebilde und die Kriegsführung organisiert werden. Dies schloss die Organisation der Finanzen des Seebundes, den Verkehr mit den Bündnern und die Regelung der inneren Verhältnisse der Bundesgenossen mit ein.[413] Schuller fasst unter diesen

[410] Schuller (1974), 150.
[411] Schuller (1974), 194.
[412] Nesselhauf, 2.
[413] Schuller (1984), 94.

neuen Elementen den athenischen Beamtenapparat, die Ausübung der Prozesshoheit von Athen gegenüber den Bündnern und die rechtliche Verankerung der demokratischen Staatsform[414] der jeweiligen Bündner zusammen. In diesem Zusammenhang übernahmen die Athener ebenso die materielle Gesetzgebung der *leges generales*. Es wurden einseitige Rechtsakte vollzogen und bedingungslose Treueide auf Athen geschworen, wovon man bei der Gründung des Seebundes noch weit entfernt war. Schuller konstatiert, dass nun „(...) die Entwicklung des Seebundes ... nun in auffälliger Weise der innerathenischen [entspricht].“[415]

5.5. Hat Athen schon seit der Gründungsphase das Ziel verfolgt, Alleinherrscher im Seebund zu werden?

Mit dieser Frage soll nun der in der Forschung vielfach aufgeworfenen These, Athen habe schon zu Gründungszeiten des Seebundes auf lange Zeit im Voraus seine Entwicklung innerhalb des Bundes zum alleinigen Herrscher geplant, nachgegangen werden.

Steinbrecher sieht in seinen Ausführungen über das vorherrschende Ungleichgewicht der Machtverhältnisse, dass sich von Anfang an für Athen als Hegemon die Möglichkeit bot, die Symmachie für die Durchführung einer auf das Eigeninteresse der Stadt ausgelegten Politik zu instrumentalisieren. Der Machtentfaltungs- und Unterwerfungskeim der athenischen Hegemonie sei bereits im Gründungsakt der Delisch- Attischen Symmachie als Instrument für die Durchführung einer Politik des Eigeninteresses angelegt.[416] Eine langfristige Konzeption der Athener zur Beherrschung der Ägäis ist aus den Quellen in der Gründungsphase der delisch- attischen Symmachie nicht nachweisbar. Es ist zwar richtig, dass in der Charta des Seebundes einige Elemente vorhanden sind, deren Nutzung die politische Hegemonie fördern, allerdings ist die Absicht der Gründungsväter, diese Handlungsräume zu nutzen, in den Quellen nicht belegt.[417] Außerdem, so Petzold, „wäre es ein Phänomen [gewesen], wenn es Athen

[414] Vgl. Schuller (1974), 82- 98 und Schuller (1984), 93: Die Athener hatten zur Sicherung ihrer Herrschaft in erforderlichen Fällen „(...) durchgängig in den Bündnerstädten Demokratien eingeführt.“ Exemplarisch hierfür ist die nach einem Abfallversuch unterworfene Stadt *Erythrai* zu nennen.
[415] Schuller (1974), 178.
[416] Steinbrecher, 65.
[417] Petzold (1994), 30

gelungen wäre, Jahrzehnte lang trotz zahlreicher Handlungsstränge ... eine klare, unveränderbare politische Linie (...) [zu verfolgen]."[418]

[418] Petzold (1993), 419.

6. Schlussbetrachtung

Ausgehend von dem zu Beginn der Arbeit gestellten primären Ziel der Untersuchung der athenischen Herrschaftsentwicklung innerhalb des Ersten Delisch- Attischen Seebundes kann nun vor allem in Bezug auf die gesetzten Themenschwerpunkte für die einzelnen Kapitel eine zusammenfassende Bewertung der Herrschaftsentwicklungen der Athener gegeben werden.

Bereits bei der Gründung des Ersten Delisch- Attischen Seebundes hatte sich Athen durch seine ionienfreundliche Politik aus seiner vorigen politischen Isolation herausgelöst und nahm die Position eines Hegemons innerhalb der neu gegründeten Symmachie ein. Diese Position war vor allem innerhalb der Organisation des Seebundes deutlich erkennbar. So vereinte Athen neben dem Recht auf die Stellung der *Hellenotamiai* auch die Verfügung über die die Höhe der zu erbringenden finanziellen Leistungen der Bündner auf sich. Daraus lässt sich also schließen, dass bereits bei der Gründung der neuen Kampfgemeinschaft diverse Machtbefugnisse auf die Athener vereint worden waren, die es in den nächsten Jahren weiter auszubauen galt. Dass allerdings die athenische Herrschaft in den Gründungsjahren auf eine „längere Konzeption" (Steinbrecher) hindeutet, ist insofern nicht vertretbar, als dass man aufgrund der sich ständig verändernden politischen Welt und sich stets abwechselnden Prozesse wohl kaum den Athenern dermaßen weitgreifende zukunftsweisende Voraussicht nachsagen kann.

In den ersten Jahren seit der Gründung der neuen Kampfgemeinschaft zeichnet sich eine Modifizierung der Herrschaftsstellung Athens innerhalb dieser Symmachie ab. Ungeachtet der offiziellen Zielsetzung des Kampfes gegen die Perser richteten sich die ersten Unternehmungen der Bundeskontingente gegen griechische Städte und schließlich sogar gegen eigene Bundesmitglieder, die aus dem Seebund austreten wollten und deswegen erfolgreich bekämpft und von Athen in die Symmachie zurückgezwungen wurden. An dieser Stelle rückte vor allem das neue Herrschaftsmittel der Athener, die Bundesflotte, in den Vordergrund. Zudem konnte Athen einen unglaublichen materiellen Gewinn aus seiner Stellung als Hegemon aus dem Seebund ziehen: jährliche Einnahmen aus dem Seereich. Auch hatte es die mächtigste Flotte des Ägäischen Meeres und durch die Unterwerfung der Städte die Sicherung der Getreide- Importe (aus überseeischen Gebieten) garantieren, weitere kleinere Vorteile begleiteten diesen Prozess.[419] Letztlich war es den Athenern bis zum Jahre 462 v. Chr. gelungen, ihre Herrschaftsstellung innerhalb des Seebundes weiter auszubauen und diese durch Repressionsmaßnahmen gegen abfallbereite Bündner zu sichern. In diesem Zusammenhang ist schließlich die Frage unumgänglich, ob die Athener bereits zu diesem Zeitpunkt der Entwicklung innerhalb ihrer Seebundherrschaft eine Tyrannis errichtet hatten, welche nur noch durch Gewalt zu sichern war.[420] Vielleicht wäre eine Bezeichnung der Herrschaft der Athener innerhalb der Seebundsgemeinschaft als „Tyrannis" zu hoch gegriffen. Fest steht allerdings, dass die Mitglieder des Bundes die Macht der Athener erst ab dem Zeitpunkt als tatsächliche Herrschaft begreifen mussten, als ihnen durch das harte Vorgehen der Athener gegen abfallbereite Städte vor Augen geführt wurde, worin die Grenzen ihres Handlungsspielraumes als Mitglieder dieser Symmachie bestanden.

In dem folgenden Untersuchungszeitraum konstituierte sich diese übergreifende Herrschaft der Athener auch offiziell immer mehr, was vor allem durch die symbolträchtige Verlegung der Bundeskasse von Delos, dem Versammlungsort des *Bundessynhedrions*, nach Athen sichtbar wurde. Aber bereits zu diesem Zeitpunkt war die Herrschaft der Athener im Seebund rückläufig, denn nach der Ägyptischen Katastrophe, welche die erste Niederlage für den Kampf des Seebundes gegen die Perser bedeutete, stand Athen aufgrund seiner großen militärischen Schwächung weiteren Abfallbewegungen von Bundesgenossen zunächst hilflos gegenüber. Rückwirkend lässt sich also die Feststellung tätigen, dass sich die athenische Herrschaft innerhalb des Seebundes gegen Ende der kimonischen Ära 462/ 61 v. Chr. auf ihrem Höhepunkt befand und dass sich die Athener seit 454 v. Chr. neue Herrschaftsmittel erschließen mussten, um ihre weitere Stellung als Hegemon aufrecht erhalten zu können.

W. Schuller verweist auf viele Ursachen, die zur Herausbildung der Herrschaft der Athener im Seebund beigetragen haben: Dies sei zum einen die innere Entwicklung Athens gewesen, zum anderen die Herausforderungen, die von außen auf den Seebund wirkten und schließlich die Wirkungen des Seebundes selbst. Der Bund hätte sich

---

[419] Finley, 49.
[420] Meyer, H. D. (1991), 506.

ohne den Abfall der Städte nicht zur Herrschaft Athens wandeln können.[421] Diesen zusammenfassenden Ausführungen von W. Schuller kann sich das Ergebnis der Untersuchung in dieser Arbeit nur anschließen. Und selbst wenn einige Untersuchungsfelder[422] keine Berücksichtigung finden konnten, so bieten diese sich doch als Ausgangspunkt für weitere Untersuchungsfelder zu dieser Thematik an. Auch wenn diese Arbeit aufgrund der breitgefächerten Themenschwerpunkte und der punktuellen Auswahl der angeführten Ereignisse keinen Anspruch auf absolute Vollständigkeit erheben kann, so wird sie doch an Vielseitigkeit und Vielschichtigkeit in der Diskussion der zur Untersuchung herangezogenen breiten Auswahl an Literatur ihrem Hauptanliegen ausreichend gerecht.

[421] Schuller (1974), 192.
[422] Wie zum Beispiel die Untersuchung der Reflexion der Athener über ihre Herrschaft im Ersten Delisch-Attischen Seebund, wie sie in Thuk. 1, 73- 78 thematisiert wird.

7. Literaturverzeichnis

7.1. Primärquellen

Aristoteles: *Aristotelis Athenaion Politeia*, Übersetzung: Aristoteles. Der Staat der Athener. Herausgegeben und übersetzt von Peter Dams, Stuttgart 1970.

Herodot: *Herodoti Hiostoriae*, Übersetzung : Herodot Historien (2 Bde.). Herausgegeben und erläutert von H. W. Haussig, übersetzt von A. Horneffer, eingeleitet von W. F. Otto, Stuttgart 1955.

Diodor: *Bibliothéke historiké*, Bücher IX- XII, Übersetzung: Diodor, Griechische Weltgeschichte, Buch IX- XII. Herausgegeben von P. Wirth und W. Gessel, übersetzt von O. Veh, eingeleitet und kommentiert von W. Will, Stuttgart 1998.

Plutarch: *Plutarchie Vitae Parallelae*, Übersetzung: Plutarch. Große Griechen und Römer. Eingeleitet, übertragen und erläutert von Ziegler, K., Übersetzung von „Themistokles" durch Wuhrmann, W., Bd. 1, München 1979.

Plutarch: *Plutarchie Vitae Parallelae*, Übersetzung: Plutarch. Große Griechen und Römer. Eingeleitet, übertragen und erläutert von Ziegler, K., Wuhrmann, W., Bd. 2, München 1979.

Thukydides: *Thucydides Hiostoriae*, Übersetzung: Thukydides, Geschichte des Peloponnesischen Krieges. Eingeleitet, erläutert und übersetzt von G. P. Landmann, München 1991.

7.2. Sekundärquellen

Badian, E.: From Plataea to Potidaea. Studies in the History and Historiography of the Pentecontaetia, Baltimore, London 1993.

Balcer, J. M.: Miletos (IGI^2.22 [I^3.21]) and the Structures of Alliances, in: Schuller, W.(Hrsg.), Balcer, J. M./ Gehrke, H.- J./ Raaflaub, K. A./ u.a.: Studien zum Attischen Seebund, Konstanz 1984, 11- 30.

Balcer, J. M.: The Persian Conquest of the Greeks (545- 450 B.C.), Konstanz 1995.

Balcer, J. M.: The Liberation of Ionia 478 B.C., Hist. 46 (1997), 374- 76.

Bellen, H.: Der Rachegedanke in der griechisch- persischen Auseinandersetzung, in: Chiron 4 (1974), 43- 67.

Bengtson, H.: Die Staatsverträge des Altertums, Bd. 2, München, Berlin 1962.

Bickermann, E.: Bemerkungen über das Völkerrecht im klassischen Griechenland, in: Gschmitzer, F. (Hrsg.): WdF, Bd. 96, Darmstadt 1969, 474- 502.

Bonk, P.: Offensiv- und Defensivklauseln in griechischen Symmachieverträgen (phil. Diss.), Bonn 1974.

Brodersen, K./ Günther, W./ Schmitt, H. H.: Historische griechische Inschriften in Übersetzung. Die archaische und klassische Zeit (Texte zur Forschung 59), Bd. 1, Darmstadt 1992.

Brunner, O.: Bemerkungen zu den Begriffen „Herrschaft" und Legitimität", in: Neue Wege der Verfassungs- und Sozialgeschichte, 2. Aufl., Göttingen o. J. 1968, 64- 79.

Brunt, P. A.: Hellenic League Against Persia, in: Hist. 2 (1953/54), 135-163.

Domaszewski, A. v.: Die attische Politik in der Zeit der Pentekontaetie, Heidelberg 1925.

Ehrenberg, V.: Der Staat der Griechen, Zürich, Stuttgart 1965.

Finley, Moses I.: Antike und moderne Demokratie, Stuttgart 1980.

Fornara, C. W.: The Athenian Board of Generals from 501 to 404, Wiesbaden 1974.

Fornara, C. W.: Some Aspects of the Career of Pausanias of Sparta, in: Hist. 15 (1966), 257- 271.

French, A.: Athenian Ambitions and the Delian Alliance, in: Phoenix 33 (1979), 1- 8.

Gherke, H.- J.: Die Griechen und die Rache. Ein Versuch in historischer Psychologie, in: Saeculum 38 (1987), 121- 149.

Giovanni, A./ Gottlieb, G.: Thukydides und die Anfänge der athenischen Arche, Heidelberg 1980.

Hammond, N. G. L.: Studies in Greek History. A Companion Volume to: A History of Greece to 322 B. C., Oxford 1953.

Heuß, A.: Stadt und Herrscher des Hellenismus in ihren staats- und völkerrechtlichen Beziehungen, Klio Beiheft 39, Leipzig 1937 (Neudruck Aalen 1963).

Heuß, A.: Herrschaft und Freiheit im griechisch- römischen Altertum, in: Propyläen Weltgeschichte, Summa Historica, Berlin, Frankfurt/ Main, Wien 1965, 65- 128.

F. Hiller von Gaertringen (Hrsg.): Inscriptiones Graecae I (IGI^2) : Inscriptiones Atticae Euclidis anno anteriores, Berlin 1924.

Hornblower, Simon: The Athenian Empire, LACTOR, 3. Aufl., London 1988.

Hornblower, Simon: The Greek world 479- 323 B.C., 3. Aufl., London 2008.

Kiechle, F.: Athens Politik nach der Abwehr der Perser, HZ 204 (1967), 265- 304.

Koch, Christian: Volksbeschlüsse in Seebundsangelegenheiten: Das Verfahrensrecht Athens im ersten attischen Seebund, Europäische Hochschulschrift 13; 466, Frankfurt a. M. 1991.

Kolbe, W.: Die Anfänge der attischen Arché, in: Hermes 73 (1938), 249- 268.

Larsen, J. A. O.: The Constitution and Original Purpose of the Delian League, HStClPh 51 (1940), Studies Ferguson, 175- 213.

Lotze, D.: Selbstbewußtsein und Machtpolitik. Bemerkungen zur Machtpolitischen Interpretation spartanischen Verhaltens in den Jahren 479- 477, in: Klio 52 (1970), 255- 275.

McGregor, M. F. /Meritt, B.D. /Wade- Gery, H. T.: The Athenian Tribute Lists (ATL), Bd. 3, Cambridge (Mass.), Princeton 1950.

Meiggs, R.: The Athenian Empire, Oxford 1992.

Meyer, Ed.: Geschichte des Altertums: Das Perserreich und die Griechen. Bis zum Vorabend des Peloponnesischen Krieges, Bd. 4 (1), Stuttgart 1944 (N.D. Darmstadt 1965).

Meyer, H.D.: Abfall und Bestrafung von Bündnern im Delisch- Attischen Seebund, in: HZ 191 (1961), 497- 509.

Meyer, H. D.: Vorgeschichte und Begründung des Delisch- Attischen Seebundes, in: Hist. 12 (1963), 405- 446.

Nesselhauf, H.: Untersuchungen zur Geschichte der delisch- attischen Symmachie, Klio Beiheft 30, Leipzig 1933 (Neudruck Aalen 1963).

Petzold, K.- E.: Die Gründung des Delisch- Attischen Seebundes I, in: Hist. 42 (1993), 418- 443.

Petzold, Karl- Ernst: Die Gründung des Delisch- Attischen Seebundes II, in: Hist. 43 (1994), 1- 31.

Popp, H.: Zum Verhältnis Athens zu seinen Bündnern im attisch- delischen Seebund, in: Hist. 17 (1968), 425- 443.

Raaflaub, K.: Beute, Vergeltung, Freiheit? Zur Zielsetzung des Delisch- Attischen Seebundes, in: Chiron 9 (1979), 1- 22.

Rengakos, A.: Form und Wandel des Machtdenkens der Athener bei Thukydides, Wiesbaden, Stuttgart 1984.

Ruschenbusch, E.: Das Machtpotenzial der Bündner im Ersten Attischen Seebund. (Überlegungen zu Thukydides 1, 99, 2), in: ZPE 53 (1983), 144-148.

Ruschenbusch, E.: Tribut und Bürgerzahl im ersten athenischen Seebund, in: ZPE 53 (1983), 125- 143.

Schaefer, H.: Die Attische Symmachie im zweiten Jahrzehnt ihres Bestehens, in: Hermes 71 (1936), 129- 150.

Schaefer, H.: Beiträge zur Geschichte der Attischen Symmachie, in: Hermes 74 (1939), 225- 264.

Schmitz, W.: Wirtschaftliche Prosperität, soziale Integration und die Seebundspolitik Athens, München 1988.

Schubert, C.: Athen und Sparta in klassischer Zeit, Stuttgart 2003.

Schuller, W.: Die Herrschaft der Athener im Ersten Attischen Seebund, Berlin 1974.

Schuller, W.: Wirkungen des Ersten Attischen Seebunds auf die Herausbildung der athenischen Demokratie, in: Schuller, W. (Hrsg.), Balcer, J. M./ Gehrke, H.- J./ Raaf-laub, K. A./ u.a.: Studien zum Attischen Seebund, Konstanz 1984, 87- 98.

Smarczyk, B.: Untersuchungen zur Religionspolitik und politischen Propaganda Athens im Delisch- Attischen Seebund, Quellen und Forschungen zur Antiken Welt, Bd.5, München 1990.

Smarczyk, B.: Religion und Herrschaft: Der Delisch- Attische Seebund, in: Saeculum 58 (2007), 205- 228.

Stahl, M.: Gesellschaft und Staat bei den Griechen: Klassische Zeit, Paderborn u.a. 2003.

Steinbrecher, M.: Der Delisch- Attische Seebund und die athenisch- spartanischen Beziehungen in der kimonischen Ära (ca.478/77- 462/1), Berlin 1983.

Strasburger, H.: Herodot und das perikleische Athen, in: Hist. 4 (1955), 1- 25.

Welwei, K.- W.: Die griechische Polis. Verfassung und Gesellschaft in archaischer und klassischer Zeit, Stuttgart, u.a. 1983.

Welwei, K.- W.: Das klassische Athen. Demokratie und Machtpolitik im 5. und 4. Jahrhundert, Darmstadt 1999.

Woodhead, A. G.: The Founding Fathers of the Delian Confederacy, in: Classical Contributions, Studies in Honour of Malcom Francis McGregor, New York 1981, 179-190.

8. Abkürzungsverzeichnis

Das Verzeichnis der Abkürzungen bezieht sich auf die Definitionen und Inhalte er Abkürzungsverzeichnisse und Richtlinien für die Publikationen es Deutschen Archäologischen Instituts.

ATL = Athenian Tribute Lists

Hist. = Historia (Zeitschrift)

HStClPh = Harvard Studies in Classical. Philology.

HZ = Historische Zeitschrift

IGI = Inscriptiones Graecae

ZPE = Zeitschrift für Papyrologie und Epigraphik

WdF = Wege der Forschung